Gemeinsam durch die Trotzphase

Erziehen ohne schimpfen. Wie man sein Kind liebevoll und entspannt durch die Autonomiephase begleitet

Astrid Schneider, Branka Rezan

Astrid Schneider & Branka Rezan

GEMEINSAM DURCH DIE TROTZPHASE

Erziehen ohne schimpfen.

Wie man sein Kind liebevoll und entspannt durch die Autonomiephase begleitet.

Über die Autorinnen

Astrid Schneider ist Autorin, Ghostwriterin, Mindset-Coach und Fachberaterin für hochsensible Kinder. Sie schreibt Romane, Ratgeber und Kinder- und Jugendbücher über Gefühle, Achtsamkeit, Freundschaft, Zusammenhalt, Mut und Persönlichkeitsentwicklung und hat inzwischen über 35 Bücher veröffentlicht. Mit ihrer „Traumreise für hochsensible Kinder" stand sie 2021 und 2022 mehrere Monate auf der Amazon-Bestsellerliste. www.astridschneider.com

Branka Rezan ist Mutter von drei Kindern, Lehrerin, zertifizierter Master Lerncoach, PSI-Kompetenzberaterin und Familylab Seminarleiterin nach den Werten von Jesper Juul. Als Lehrerin und Lernexpertin unterstützt sie Eltern dabei, die inneren Ressourcen ihrer Kinder zu entfachen, damit sie die Herausforderungen im (Schul-)Alltag erfolgreich meistern.
www.kidster.ch

Kniga Verlag ein Imprint der GZK Digital Print GmbH

Pestalozzistraße 25, 22305 Hamburg

Autoren: Astrid Schneider & Branka Rezan

Lektorat: Susanne Zeyse

Korrektorat: Ricarda Kollera

Covergstaltung und Satz: Wolkenart – Marie-Katharina Becker, www.wolkenart.com

Ebook: 978-3-910385-14-6

Taschenbuch: 978-3-910385-15-3

Hardcover: 978-3-910385-16-0

Inhaltsverzeichnis

MISSION & HERZENSBOTSCHAFT

Jeder Begegnung wohnt ein Zauber inne, und wenn man seinen Verstand ausschaltet und dem Gegenüber auf der Herzebene begegnet, dann erfährt man Zuspruch."

Kinder sind unsere Zukunft! Und die Arbeit mit ihnen hat mich eines gelehrt: Sie mögen alle unterschiedlich sein – sowohl äußerlich als auch auf geistiger Ebene – doch etwas haben sie gemeinsam: Sie sind Geschöpfe der Liebe. Sie wollen Liebe erfahren, geben und leben.

Meine letzten zwanzig Jahre waren gesegnet mit Begegnungen mit wundervollen, besonderen Kindern. Darunter waren sogenannte neurotypische Kinder, Kinder mit ADHS, Dyslexie, Epilepsie, Hochsensibilität und mit Behinderung. Einen Zugang zu ihnen zu finden, erfordert unterschiedliche Herangehensweisen und Fingerspitzengefühl.

Als ich 2013 mit dem Schreiben begann, war es meine Mission, die Welt ein bisschen besser zu machen und mit meinen Büchern Kindern und ihren Wegbegleitern neue Wege aufzuzeigen, sie zu ermutigen und im Herzen zu berühren.

Uns Erwachsenen wird Tag für Tag viel abverlangt. Unser Alltag ist geprägt von Stress und Druck, und manchmal sind Ängste unsere permanenten Begleiter. Unbewusst geben wir Erwachsenen auf der emotionalen Ebene all dies unseren Kindern weiter, die dann unser Verhalten spiegeln.

Ich möchte Erwachsene, Erziehende und werdende Eltern nicht nur informieren, sondern in ihrem Denken und Handeln sensibilisieren mit dem Ziel, wunderbare Beziehungen mit ihren Kindern zu kreieren. Erwachsene sollten sich dafür in ihrem eigenen Verhalten aufmerksam scannen und bereit sein für Veränderungen. Wenn Sie als Bezugsperson in Ihrer Mitte sind, dann werden es Ihre Kinder auch sein.

In diesem Buch soll es um das Thema Trotzphase gehen. Es ist durchaus möglich, dass Sie sich an manchen Textstellen oder bei einem bestimmten Thema getriggert fühlen. Aber seien Sie unbesorgt, es liegt mir fern, Sie zu verärgern oder zu belehren. Vielmehr möchte ich, dass Sie sich bewusst mit den Themen im Buch beschäftigen und Ihr eigenes Innenleben dabei unter die Lupe nehmen, um schließlich bei sich selbst anzukommen.

Wundervolle Lesestunden wünschen Ihnen
Astrid Schneider & Branka Razan

EINFÜHRUNG

Die meisten Eltern machen sich Sorgen um das Wohlergehen ihrer Kinder. Das ist ganz normal. Immerhin tragen sie die volle Verantwortung für die kleinen Wesen. Abschalten lassen sich die Ängste nicht so einfach, nur weil man gesagt bekommt: „Du musst gelassener sein“, oder: „Entspann dich mal“. Aber sicher ist auch: Ängste sind nicht immer ein guter Ratgeber, man sollte ihnen nicht zu viel Platz in der Kindererziehung einräumen.

Für Eltern war es früher leichter, einen Weg zu finden, als heute. „Man“ wusste, wie man Kinder zu erziehen hatte und es wurde nicht viel darüber nachgedacht, wie sich bestimmte Verhaltensmuster der Eltern auf ihre Kinder auswirken. Moderne Eltern möchten es anders und besonders gut machen. Sie spüren, dass sie in ihrer Kindheit oft nicht gesehen, gehört und verstanden wurden und tragen ihre Altlasten aus der Ursprungsfamilie mit sich herum, ohne sie verarbeitet zu haben. Diese Altlasten wirken sich auf ihr Verhalten und auf die Beziehung zum eigenen Kind aus. Darum ist es wichtig, sich damit auseinanderzusetzen, wie man als Eltern gegenüber seinen Kindern auftreten möchte. Nur wer sich mit diesen Fragen befasst, kann authentisch handeln, die eigene Integrität wahren und Kindern mit Geduld und Ehrlichkeit begegnen.

Wohlgemerkt: Authentizität hat nichts mit Perfektion zu tun! Alle Eltern kennen irgendwelche Supereltern mit Superkindern, aber keine Mutter, kein Vater muss immer alles richtig machen, den besten Kuchen für den Schulbasar backen und immer im Bilde sein über die Feinheiten der letzten Erdkundehausaufgabe. Tatsächlich ist Perfektion das, was Kinder am wenigsten brauchen.

Kinder, die das Gefühl haben, dass ihre Eltern immer alles besser wissen und richtig machen, haben Mühe über ihre Niederlagen zu sprechen und aus den eigenen Fehlern zu lernen. Eltern tun ihren Kindern einen Gefallen, wenn sie sich verletzlich zeigen und über ihre Misserfolge und Unsicherheiten erzählen. Papa hat die Tür zugemacht und den Schlüssel drinnen vergessen? Das war doof, aber er hat eine Lösung gefunden, oder? Das Kind lernt, dass der Schlüssel bei der Nachbarin liegt, unter dem Blumentopf oder dass man einen Schlüsseldienst anrufen kann.

Woher kommt der Drang, perfekt sein zu wollen? Oft stellen Eltern zu hohe Erwartungen an sich selbst. Geben Sie sich Zeit! Man muss in die neue Mutter- oder Vaterrolle hineinwachsen. Mit einem Kind ändert sich viel im Leben und im Alltag, damit muss man erstmal umgehen und zurechtkommen. Einfacher wird es in der Erziehung, wenn Eltern sich durch Offenheit, Ehrlichkeit und positive Anerkennung gegenseitig helfen. Je mitfühlender Eltern mit sich selbst und miteinander umgehen, desto besser können sie den Herausforderungen des Familienalltags begegnen. Die Erkenntnis, dass viele Eltern mit den gleichen Fragen und Sorgen zu kämpfen haben, tut gut.

Hören Sie auf Ihr Bauchgefühl und Ihre innere Stimme! Sicher machen Sie instinktiv schon vieles richtig und treffen die notwendigen Entscheidungen, um Ihrem Kind eine unbeschwerte Kindheit zu ermöglichen. Vertrauen Sie Ihren eigenen Fähigkeiten. Dies gelingt am besten, wenn Sie sich immer wieder Zeit für sich selbst nehmen und den Alltag reflektieren.

Selbstfürsorge ist wichtig. Atemübungen und Affirmationen können bei der Impulskontrolle helfen und dabei, schnell zur Ruhe zu kommen. Nehmen Sie sich Zeit, einen Mutmachsatz einzustudieren, der Ihnen zur Verfügung steht, wenn es schwierig wird und alles über Ihnen zusammenschlägt. Es ist Mittwochmorgen, alle sind spät dran. Die Uhr tickt. Da fällt Ihrem Kind in der Küche ein volles Glas Apfelschorle auf den Boden. Überall Splitter und klebriger Saft, das Kind heulend mittendrin.

In dieser Situation wäre ein guter Satz: „Ich atme zwei Mal tief ein und aus, bevor ich auf die Situation reagiere." Die kurze Atempause reicht oft, um uns klarzumachen: Das Kind hat es nicht mit Absicht gemacht. Ich muss es aus der Gefahrenzone bringen, trösten und das Glas zusammenfegen. Oberflächlich wischen. Das wird höchstens zehn Minuten dauern. Alles nicht so schlimm.

Natürlich können Sie auch einen anderen Satz wählen, der besser funktioniert für Sie, wichtig ist, dass Sie ihn immer parat haben und anwenden können, wenn es eng wird.

DIE TROTZPHASE

Wie Eltern damit umgehen

So anstrengend es auch ist, als Eltern müssen wir akzeptieren, dass jede einzelne Trotzphase zur kindlichen Entwicklung dazugehört. Ab dem zweiten Lebensjahr zeigen Kinder ein mehr oder minder ausgeprägtes Trotzverhalten, ab der Mitte des dritten Lebensjahres nimmt die Stärke der Trotzphase meistens schon wieder ab, weil der Wortschatz der Kinder sich erweitert hat und sie sich wesentlich besser äußern können. Mit Beginn des vierten Lebensjahres, wenn die Selbstwahrnehmung und die geistige Entwicklung des Kindes in großen Schritten voranschreitet, nehmen die Trotzphasen – auch Autonomiephasen genannt – weiter ab.

Was löst die Trotzphase aus? Unser Kind gerät in einen Konflikt, weiß aber nicht, wie es damit umgehen soll. Geschrei und Abwehr sind seine Mittel, aus dieser Situation wieder herauszukommen – manchmal an für seine Eltern überraschenden Punkten. Beim Frühstück wird unser Kind überwältigt von seinen Gefühlen, weil wir die Milch über seine Frühstücksflocken geschüttet haben – dabei wollte es das doch unbedingt selbst machen! Nun ist es zu spät, die Cornflakes weichen in der Milch auf, während das Kind weint, bockig und wütend wird. Es wird sich vielleicht in sein Zimmer verkriechen und sich nicht ansprechen lassen. Wenn wir in spätestens zehn Minuten im Auto sitzen müssen, um zur Kita und zur Arbeit zu fahren, dann ist es schwer für Eltern, die Ruhe zu bewahren. Zeit für den Mutmachsatz!

Doch auch, wenn wir ruhig bleiben: In so einer Situation kann einem die Autonomiephase eines Kindes schon mal vorkommen wie absichtliche Rebellion oder sogar Bösartigkeit. Andere Eltern verunsichert das Geschrei so, dass sie sich fragen, ob sie versagt oder gravierende Fehler in der Erziehung gemacht haben.

Peinlich berührt und hilflos fühlen sich Eltern, wenn ein Wutanfall in der Öffentlichkeit stattfindet. Das kann sogar gefährlich werden: Wir gehen zu Fuß mit unserem Kind an einer vielbefahrenen Straße lang und halten unser Kind an der Hand. Doch das Kind will unbedingt allein gehen, schreit, reißt sich los und rennt davon. Ein Albtraum für alle Eltern.

An der Straße müssen wir unser Kind so schnell es geht einfangen, in die Arme nehmen und wenn es um sich schlägt, liebevoll und bestimmt festhalten. Falls es um sich schlägt, dann signalisieren Sie: Schlagen dulde ich nicht. Ich verstehe aber dein starkes Gefühl! Ich bin hier und liebe dich genauso wie du bist.

Denn Wut tut gut! Muss Wut unterdrückt werden, bleibt weniger Energie übrig für selbstwirksames Lernen und Handeln. Solche Ausbrüche zu begleiten, kann für Eltern sehr herausfordernd sein. Umso wichtiger ist es, Bewältigungsstrategien zu finden, die in diesen Situationen eine schnelle Selbstregulation ermöglichen. Kinder brauchen einen Hafen, der ihnen Sicherheit bei Gefühlsausbrüchen gibt.

Kinder wollen helfen

Grundsätzlich bieten Kinder ihre Hilfe – nach ihren Möglichkeiten – gern an. Die kleinen Wesen sind neugierig, temperamentvoll und ihr eigener Wille steuert ihre Handlungen. Natürlich ist die Kooperation mit Kleinkindern nicht immer einfach. Ab und an machen sie exakt das Gegenteil von dem, was sich die Eltern vorstellen. Trotzdem sollten Kinder immer spüren, dass ihre Meinung und Gefühle ernst genommen werden, man ihnen gerne zuhört und für sie da ist.

Nehmen Sie sich die Zeit, die Dinge aus der Sicht Ihres Kindes zu betrachten. Sie werden es besser verstehen. Ihr Kind wird sich seinerseits respektiert und besser verstanden fühlen. Daher wird es auch gewillter sein, das anzunehmen, was Sie sich von ihm wünschen. Der Tisch muss gedeckt werden fürs Abendessen? Natürlich geht es schneller, wenn Sie es schnell selbst machen, ohne die Hilfe Ihrer Zweijährigen, aber lassen Sie Ihr Kind helfen und auch ein paar Entscheidungen treffen, zum Beispiel die Becher aussuchen oder die Platzsets. Geben Sie Ihrem Kind Aufgaben, helfen Sie, wenn es nötig ist, aber lassen Sie Ihr Kind machen. So wird aus den Aufgaben des Alltags ein wertvolles Miteinander.

Mit Kooperation ist nicht gemeint, dass ein Kind seiner Bezugsperson in allen Punkten gehorchen muss. Es soll lernen eigenständig zu entscheiden, aber es soll auch lernen wahrzunehmen, was andere Menschen brauchen und wollen. Wir können Kindern signalisieren, dass wir ihre Mühe sehen und schätzen. Es hat sich selbst angezogen, aber der rote Pullover passt nicht zur rosa Hose? Auch wenn die Farben sich beißen: Das ist toll! Lassen Sie ihr Kind im Bereich des Möglichen mitbestimmen. Vor dem Schlafengehen kann man zum Beispiel einige Wahlmöglichkeiten anbieten: Möchte das Kind vor dem Vorlesen oder nach dem Vorlesen die Zähne putzen? Zieht es den Schlafanzug vor oder nach dem Abendessen an? Soll Papa oder Mama die Gutenachtgeschichte vorlesen? Lieber ein Hörspiel oder ein Vorlesebuch? Welche Geschichte möchte es auswählen?

Machtkämpfe benutzen Kinder gerne als „Hilfsmittel", wenn sie das Gefühl haben, dass sie nicht ausreichend respektiert werden und keine Möglichkeit haben, über ihr Leben selbst zu bestimmen. Sobald Kinder bemerken, dass mit ihnen ein ernsthafter Umgang gepflegt wird, verschwenden sie nur noch wenig Energie darauf, mit dem Kopf durch die Wand zu wollen. Als Eltern haben Sie hier eine Vorbildfunktion! Die Bereitschaft zur Mitarbeit erhöht sich dann, wenn die Kinder erfahren, dass Eltern, Geschwister oder andere Bezugspersonen ihre Wünsche und Bedürfnisse achten.

Trotzdem kann es hier und da Probleme geben. Machen Sie sich immer wieder klar, dass zwar alle Gefühle akzeptabel sind, aber dass das nicht für alle Verhaltensweisen gilt. Ein Kind darf traurig oder wütend sein, es darf aber nicht Dinge kaputt machen oder andere Menschen schlagen.

Aus einer gefühlsgeladenen Lage kommen Sie am besten wieder heraus, wenn Ihr Kind verstanden hat, worum es geht. In emotionalen Situationen ist es hilfreich, die Gefühle Ihres Kindes zu benennen, tun Sie dies stets mit ruhiger Stimme. Sprechen Sie beruhigend auf Ihr Kind ein und erklären Sie ihm, was gerade vor sich geht.

Das geht nur, wenn wir uns als Eltern immer wieder Gedanken darüber machen, wie sich unser Kind in bestimmten Situationen fühlt. Je mehr Sie sich dem kindlichen Niveau annähern, desto besser lernen Sie zu verstehen, welche Emotionen Ihr Kind gerade durchlebt. Ist Ihr Kind aufgewühlt und beginnt zu weinen, dürfen Sie ruhig fragen, ob es in den Arm genommen und getröstet werden möchte. Erklären Sie ihm, dass alle Gefühle in ihm drin in Ordnung sind und es diese auch zeigen darf. Weinen kann reinigend für die Kinderseele sein, betonen Sie, dass Sie ihr Kind und seine Reaktion verstehen. Kinder benötigen Hilfe, ihre Gefühle in die richtigen Bahnen zu lenken und sie zu steuern. Hat ein Kind gelernt, Gefühle zu akzeptieren und den eigenen Körper gut wahrzunehmen, fällt die Selbstregulation viel leichter.

Kinderwut verstehen

Es ist für Eltern eine große Herausforderung, ihren Kindern die Möglichkeit zu geben, sich zu entwickeln, ihren Bedürfnissen nachzukommen und gleichzeitig den familiären und gesellschaftlichen Erwartungen Rechnung zu tragen. Wenn diese Gratwanderung Teil der täglichen Reflexion wird, erhalten die Anliegen aller Familienmitglieder ihren verdienten Platz.

Wutanfälle, die von jetzt auf gleich aus einem fröhlichen Kind ein ungenießbares Kind machen, sind für Eltern eine große nervliche Belastung. Vom Baby bis hin zum Heranwachsenden wird Ihr Kind Sie mit trotzigen Phasen auf die Palme bringen. Normalerweise ist der Höhepunkt der Autonomiephase im Trotzalter von zwei bis drei Jahren erreicht. Aber auch ältere Kinder können noch trotzig sein.

Wie geht man richtig damit um?

Zunächst einmal ist es gut zu verstehen, wie es zu Trotzreaktionen kommt. Die geistige Entwicklung von Kindern schreitet in den ersten fünf bis sechs Jahren enorm voran. Wird ein Kind wütend, hängt das im Normalfall mit einer mangelhaften Kompetenz im Bereich der mentalen, aber auch der körperlichen Entwicklung zusammen. Es traut sich selbst viel mehr zu, als es wirklich kann, und klettert zum Beispiel auf ein Spielgerüst, ohne sich dabei festzuhalten. Es sträubt sich, wenn man ihm helfen oder es davon abhalten möchte.

Bockiges oder trotziges Verhalten spiegelt die Reaktion eines Kindes wider, wenn sich ein Wille nicht erfüllt. Bereits Babys unter einem Jahr können schon Wutanfälle bekommen.

In der Regel kennt man diese Szene: Ein Kind zwischen drei und fünf Jahren schreit herum, weil es das gewünschte Spielzeug nicht bekommt. Das ist besonders unangenehm an der Supermarktkasse, wo zum Beispiel die Überraschungseier so daliegen, dass kleine Kinder sie in der Wartezeit direkt ansehen. Es muss lernen auszuhalten, dass es nicht jedes Mal ein Überraschungsei bekommt, nur weil es eins haben will. Doch sobald es seinen Willen nicht durchsetzen kann, erlebt es die Situation als stressig oder frustrierend und gerät in ein extremes Gefühlschaos. Solche Wutanfälle sind gute Gelegenheiten, unerfüllten Bedürfnissen und unverarbeiteten, nicht kommunizierten Frustrationen auf die Spur zu kommen. Je mehr wir mit Kindern über Gefühle sprechen und diese reflektieren, desto erfolgreicher können sich ihre Fähigkeiten zur Selbstregulation entwickeln.

Oft ist es nicht möglich, während eines Anfalls die Bedürfnisse des Kindes richtig zu erkennen. Beruhigen Sie ihr Kind und kommen Sie später darauf zurück. Die Abendroutine eignet sich gut dazu, über einen Gefühlsausbruch zu sprechen und Fragen zu stellen: Wo hast du die Wut gespürt? Was war kurz vorher los? Was hat den Anfall ausgelöst? Was kannst du das nächste Mal tun, wenn du das Gefühl an dieser Stelle im Körper spürst? Legen Sie Ihrem Kind keine Antwort in den Mund und lassen Sie ihm genug Zeit und Raum, darüber nachzudenken! Hören Sie genau hin!

Gefühle kennenlernen

Wenn wir die Trotzphase richtig verstehen wollen, müssen wir uns anschauen, wie die emotionale Reifung eines Kindes abläuft:

Ausdruck der Gefühle: Ein Kind ist in der Lage, einfache Emotionen wie Ärger, Freude, Angst, Traurigkeit durch Mimik und Sprache auszudrücken. Wenn es älter wird, kommen komplexere Gefühle wie Schuld, Neid oder Stolz hinzu.

Gefühlswissen: Das Kind erkennt die Ursache einer Empfindung und deren Äußerung. Es weiß nun, wie es darauf reagieren kann, zum Beispiel mit einem Lächeln.

Regulierung der Gefühle: Das Kind kann mithilfe gewisser Umgangsformen Gefühle regulieren. In bestimmten Situationen kann es sich zum Beispiel selbst beruhigen, indem es sein Kuscheltier in den Arm nimmt.

Sind die emotionalen Fertigkeiten noch nicht so gereift, um gefühlsmäßig stabil zu bleiben, wenn etwa das Anziehen einer Jacke nicht gelingt, wird es weinen, herumschreien oder bockig werden. Machen Sie sich klar, dass Ihr Kind erst lernen muss, sich in Geduld zu üben, aber es wird lernen, seine Gefühle so auszudrücken, dass sie verstanden und Probleme friedlich gelöst werden können.

Das gelingt besonders gut, wenn Eltern ihren Kindern vorleben, wie sie mit schwierigen Situationen umgehen. Leider haben viele Erwachsene selbst Mühe, Gefühle zu regulieren, weil sie als Kinder keine Bewältigungsstrategien vermittelt bekommen haben. Es liegt auf der Hand, dass Eltern sich selbst Beruhigungstools zu eigen machen müssen, um ihre Kinder bei der Selbstregulierung unterstützen zu können. Atemübungen wie oben schon beschrieben helfen, bei sich zu bleiben und von Gefühlsausbrüchen nicht aus dem Takt gebracht zu werden, um für das gefühlsstarke Kind präsent zu bleiben.

Autonomie und der eigene Wille

In der Autonomiephase lernt Ihr Nachwuchs:

- Eine selbstständige Persönlichkeit zu werden mit einem Ich-Verständnis.
- Den eigenen Willen zu entwickeln.
- Eigenständig die Welt zu erforschen.
- Ein gesundes Selbstbewusstsein herauszubilden.
- Unbekannte Gefühle zu regulieren.

Die Kinder beginnen in dieser Zeit, sich mit den Regeln und Aufgaben ihrer Welt auseinanderzusetzen. Es kommt vor, dass sie sich weigern, bestimmte Dinge zu erledigen. Plötzlich wird es ein Riesenthema, wenn sie ein Puzzle wieder zusammenräumen sollen, weil der Esstisch gebraucht wird, oder wenn sie sich vor dem Schlafengehen die Zähne putzen sollen. Die trotzige Reaktion kann unter Umständen so ausarten, dass das Kind die Beherrschung verliert, schreit und um sich schlägt. Keine Sorge: Das ist ganz normal. Sie haben keinen Fehler gemacht oder Ihr Kind falsch erzogen. Das aggressive bockige Verhalten ist auch kein Hinweis auf ein seelisches Leiden, sondern auf die Autonomiephase Ihres Kindes. Und die ist überaus wichtig für seine Fortentwicklung.

Doch warum ist das so?

In der Regel verbergen sich hinter solchen Wutausbrüchen reine Ohnmacht und die Verzweiflung darüber, dass es bestimmte Dinge noch nicht kann oder Sie als Elternteil ihm seine Grenzen aufzeigen. Ihr Kind kann gefühlsmäßig nicht damit umgehen, dass es aufräumen soll, obwohl es eigentlich weiterspielen will, dass es nach einem Spielenachmittag bei der Freundin abgeholt wird und nun nach Hause soll. Die Gefühle platzen aus ihm heraus – mit Macht, laut, ungefiltert und mit vollem körperlichen Einsatz.

Manche Kämpfe muss man führen, aber längst nicht alle! Hier kann das Ampelsystem sehr hilfreich sein. Ist die Ampel auf Rot, wenn das Kind die Jacke anziehen möchte, auf Orange oder kann sie bei schönerem Wetter sogar grün leuchten? Wir müssen nicht jeden Kampf mit unseren Kindern führen, sondern können ihnen empathisch begegnen und signalisieren, dass diese großen Gefühle nicht immer einfach sind.

Befindet sich ein Kind in der Autonomiephase, kann ohne Vorwarnung alles und jeder zum Auslöser eines Wutanfalls werden. Aber Kinder haben, wie Erwachsene auch, nicht immer die gleiche Tagesform. Die gleiche Situation kann an einem Tag unauffällig über die Bühne gehen, am nächsten aber großes Geschrei auslösen. Ist Ihr Kind übermüdet, durstig oder hungrig, wird alles zum Problem.

Unabhängig davon ist es fast immer schwierig, wenn ein Kind etwas allein ausprobieren möchte, wie zum Beispiel Schuhe oder Jacke anziehen, und wir es nicht lassen. Oder wenn wir unser Kind von einem Moment auf den nächsten aus seinem Spiel herausnehmen. Es braucht Zeit, aus seiner Spielwelt hinauszufinden und ein Spiel abzuschließen.

Hilfreich ist, das Kind so oft wie möglich mitbestimmen zu lassen. Möchtest du den Pyjama jetzt anziehen oder zuerst die Zähne putzen? Auch Humor kann helfen, wenn es darum geht, das müde Kind dazu zu bringen, die Zähne zu putzen. Machen Sie den Alltag zum Spiel: Ab in den Wäschekorb und ich schiebe dich ins Badezimmer!

„Allein machen“

Die Autonomiephase beginnt im zweiten Lebensjahr und hält etwa bis zum Ende des vierten Lebensjahres an. Ihr Kind strebt zunehmend stärker nach Eigenständigkeit und löst sich nach und nach aus dem engen Band der Eltern.

Trotzige Reaktionen können auch bei jüngeren Kleinkindern auftreten, die Zeitspanne zwischen den Anfällen ist unterschiedlich. Manche Dreijährige haben keine Trotzphase mehr – was die Eltern sehr freuen wird – aber zum Schuleintritt tritt diese wieder auf.

„Wir machen es gemeinsam“ wird nun zu „Ich kann das schon allein machen“. Die Entwicklung des eigenen Willens äußert sich darin, dass das Kind den Gehorsam verweigert oder trotzig reagiert. Dies bedeutet aber keineswegs, dass sich Ihr Kind primär gegen Sie stellt, sondern es bringt damit zum Ausdruck, dass es unter seinen eigenen Defiziten leidet, sich seine Wünsche selbst zu erfüllen. Es kann hilfreich sein, das Verhalten bei einer Trotzreaktion auch als eine Art Panik des Kindes zu verstehen, das in einer solchen Phase kaum fähig ist, die Lage zu überblicken oder zu kontrollieren.

Kinder, die in diesem Entwicklungsprozess sind, möchten die Welt erforschen und ihre eigenen Wege gehen. Hierbei stoßen sie jedoch dauernd an Grenzen – das Spielgerüst ist doch zu hoch, die Strumpfhose ist allein schwer anzuziehen und verdreht sich dauernd. Zugleich machen sie auch die Erfahrung, dass die geliebten Eltern nicht immer nach ihrer „Pfeife tanzen“, so wie sie es sich vorstellen. Die Eltern sprechen Verbote aus, sagen „Nein“ oder geben dem kindlichen Drang nicht nach, alles Mögliche auszuprobieren. Finger in die Steckdose stecken? Bei Rot über die Straße? Mit dem Feuerzeug spielen? Nein!

Wir müssen dem Kind Grenzen aufzeigen, doch diese Einschränkungen seines autonomen Weges führen es in eine ausgewachsene Verzweiflung.

Der eigene Wille wird nicht von den Eltern akzeptiert. Für das Kind bricht seine Welt zusammen und die bisherige Ordnung löst sich zusehends auf. Ein Gefühlschaos breitet sich aus, dem das Kind nicht gewachsen ist oder das es nicht deuten kann.

Oft müssen Eltern ein „Nein" durchhalten – ohne Wenn und Aber. „Nein, du darfst nicht einfach den Herd anschalten" oder „Ja, du musst im Auto angeschnallt sein" sind nicht verhandelbar. Wenn es aber Verhandlungsspielraum gibt, dann kann es hilfreich sein, Ja-Momente einzubauen. Ein „Nein, das machen wir nicht!" könnte, wenn möglich, durch ein „Nein, das machen wir jetzt nicht, aber morgen früh haben wir Zeit dafür!" ersetzt werden. Doch bevor Sie zu diesem Mittel greifen, machen Sie sich bewusst, dass Sie nichts versprechen sollten, was Sie nicht halten können.

Es gibt Kinder, bei denen die Trotzphase unspektakulär verläuft. Aber auch eine „stumme Trotzreaktion" sollten wir nicht übersehen: Das Kind zieht sich in sein Zimmer oder eine Ecke zurück und es spricht kaum noch, Essen wird kategorisch abgelehnt. Nehmen Sie die Reaktion ernst, denn das Gefühlschaos ist genauso groß wie bei den kleinen Schreihälsen, es ist nur nicht so laut!

Verschärft werden die Probleme, wenn weitere Stressoren hinzukommen. Dies kann die Geburt eines Geschwisterkindes sein, eine problembehaftete Beziehung oder ein anstehender Umzug in eine andere Stadt. Die anfänglichen Erfahrungen mit der Willenskraft und den damit einhergehenden, mehr oder minder starken Emotionen werden zu einer Grunderfahrung. Sie wird den weiteren Lebensweg des Kindes prägen.
Entscheidend ist, dass Eltern immer wieder reflektieren, wie die eigene Kindheit und die Entscheidungen in der Ursprungsfamilie den jetzigen Familienalltag und die Reaktionen beeinflussen. So vieles möchten Eltern anders machen, als sie es in der eigenen Kindheit erlebt haben. Trotzdem erwischen sie sich immer wieder mit den gelernten Glaubenssätzen und Aussagen, die tief im Inneren sitzen.

Im besten Fall lernt das Kind, dass

- es gut ist, eine eigene Willensstärke zu entwickeln. Hierdurch wird es in der Lage sein, selbst Entscheidungen zu treffen. Gleichzeitig wird es lernen, welche Konsequenz eine Entscheidung mit sich bringt.
- es vor Konflikten keine Angst haben muss und diese im Leben dazugehören.
- sich Lösungen finden lassen.
- Auseinandersetzungen Spannungen hervorrufen, aber dass sie auszuhalten sind und nicht durch aggressives Verhalten abreagiert oder verdrängt werden müssen.
- Gefühle geäußert werden dürfen und Eltern dies aushalten.
- Emotionen nicht bewertet werden, sondern Eltern dabei helfen, sie in Worte zu fassen.

Ihrem Kind sollte es Freude bereiten, neue Erfahrungen zu machen, auch wenn das hin und wieder Enttäuschung und Schmerzen auslösen wird. Unterstützen Sie Ihr Kind dabei, dann wird es weniger verzweifeln und sich immer wieder neu auf den Weg machen. Aber wir dürfen Kindern unsere eigenen Grenzen aufzeigen. Wenn das Kind in einem Gefühlsausbruch schlägt, dürfen wir ihm sagen, dass wir das nicht möchten. Schläge tun weh. Wir suchen lieber eine Alternative. Ins Kissen schlagen oder eine Knete stark zusammendrücken sind gute Möglichkeiten, die Impulse des Kindes „umzuleiten".

Ihr Kind braucht in solchen Situationen vor allem Zuneigung, Liebe und Aufmerksamkeit – gerade weil es Schwierigkeiten mit seiner eigenen „Welt" hat. Stehen Sie gemeinsam mit Ihrem Sprössling diese schwierige Zeit durch und bleiben Sie dabei aktiv.

Es ist für Eltern immer eine Herausforderung, ihre Kinder leiden zu sehen. Sie wünschen ihnen eine glückliche Kindheit, frei von jeglichen Hindernissen, aber dieser Wunsch ist für die Persönlichkeitsentwicklung nicht hilfreich. Nur wenn Kinder lernen, dass sie Fehler machen dürfen und Herausforderungen meistern können, entwickeln sie sich weiter. Und das sollten wir Kindern unbedingt wünschen.

In der zweiten Hälfte des dritten Lebensjahres entwickeln sich die endokrinen Drüsen weiter. In dieser Phase ermüden die Kinder schneller, konzentrieren sich nicht gut und ihr Durchhaltevermögen lässt nach. Sie räumen Spielzeuge aus den Regalen, lassen dann aber alles liegen, oder sie beginnen ein Spiel und beenden dies nicht.

Einige Kinder laufen unruhig und ziemlich unausgeglichen durch die Wohnung, weil sie nichts mit sich anzufangen wissen. Ein auffälliges „Symptom" in dieser Zeit ist ein häufiger Stimmungswechsel. Die verschiedensten Emotionen prasseln auf das Kind ein, breiten sich aus und es fühlt sich hilflos. Das vorher so eigenwillige und aufmüpfige Kind verwandelt sich schlagartig in ein anhängliches kleines Wesen, das nach Nähe und Zärtlichkeit sucht. Es ist hilfreich, wenn sich Eltern verschiedene Achtsamkeitsübungen aneignen, die sie zusammen mit dem Kind machen können, und die Wahrnehmung des Kindes damit fördern. Dinge ertasten, Musik hören, Tanzen, etwas zusammen anschauen oder den Bauch im Kreis massieren kann sofortige Entspannung bringen.
Mit dem Eintritt in den Kindergarten wird ein Kleinkind mit neuen Aufgaben konfrontiert. Das erste Mal in seinem Leben ist es für einige Stunden von seinen Eltern getrennt. Die neuen Eindrücke, ein anderer Tagesablauf, andere Kinder und neue Bezugspersonen muss es verarbeiten.

Bei Bastelarbeiten oder einer Vorlesestunde fällt es den Erzieherinnen auf, wenn ein Kind Schwierigkeiten mit der Konzentration hat. Welche Möglichkeiten haben Eltern, diese Schwäche in eine Stärke zu verwandeln?

Menschen besitzen die Fähigkeit, ihre ganze Aufmerksamkeit bewusst und unter Einsatz ihrer mentalen Kräfte auf eine Aufgabe zu richten. Was sogar für so manchen Erwachsenen schwierig sein kann, ist für die

Kleinen eine riesige Herausforderung. Die Förderung von Ausdauer und Konzentration sollte darum ganz sachte beginnen.

Ein Kleinkind kann seine volle Aufmerksamkeit maximal eine Viertelstunde auf eine bestimmte Aufgabe richten. Hat es Freude an der Beschäftigung, wird es ihm leichter fallen und bei weniger beliebten Dingen wird es wesentlich schwerer fallen. Eltern und andere Bezugspersonen sollten sich klarmachen, dass sie nicht zu viel von den Kleinen erwarten dürfen und sie bei Konzentrations- und
Ausdauerspielen durch ein Lob bestärken.

Wir können Kinder begleiten, indem wir ihnen immer wieder versichern, dass schwierige Dinge toll sind, weil sie uns stärker machen. Eltern dürfen auch zeigen, wie sie selbst mit schwierigen Situationen umgehen. Zum Beispiel beim Öffnen eines Schraubglases kann dem Kind gezeigt werden, dass das auch für Eltern schwierig sein kann und sie trotzdem nicht aufgeben.

Natürlich spielen Charaktereigenschaften und erbliche Anlage eine Rolle, wie konzentriert, ausdauernd und intensiv sich ein Kind mit Dingen beschäftigen kann. Es gibt Kinder, die sind sehr quirlig, brauchen ausreichend Bewegung und können ihre Aufmerksamkeit nicht lange auf eine Aufgabe richten. Andere Kinder haben die Ruhe, sich mit viel Hingabe auf eine bestimmte Sache zu fokussieren. Das werden wir als Eltern nicht ändern und sollten es auch nicht versuchen. Es ist viel wichtiger, dass man lernt, sich selbst zu akzeptieren und mit sich umzugehen – so, wie man nun mal ist.

Fördern und gelassen bleiben

Ein fokussiertes und ausdauerndes Arbeiten kann man üben und fördern. Hierbei sind die Strukturen und Rahmenbedingungen für ein Kind sehr wichtig.

Bevor Sie mit der Förderarbeit beginnen, sollten Sie zunächst prüfen, ob in Ihrem Zuhause die Rahmenbedingungen für ein ausdauerndes Spielen gegeben sind. Prasseln zu viele Reize auf Ihr Kind ein, ist es nur schwer möglich, einer ausdauernden Beschäftigung nachzugehen. Diese nicht gewollten Einflüsse können sein: ein laufender Fernseher, Musik, Geschwister, die in demselben Zimmer spielen, oder Besuch, der Unruhe in den Haushalt bringt.

Versuchen Sie Ihr Kind beim Spielen zu ermutigen. Betonen Sie, wie prima Sie es finden, dass es sich auf eine Sache gut konzentriert hat. Dies können auch nur Kleinigkeiten sein, wie zum Beispiel ein Bild malen oder die Legosteine richtig aufeinandersetzen. Fokussieren Sie sich dabei auf den Prozess und nicht auf das Resultat. Das Kind soll verinnerlichen, dass es darauf ankommt, das Beste aus der Reise zu machen.

Bleiben Sie mit Ihren Übungen am Ball. Organisierte Abläufe und klare Regeln unterstützen das aufmerksame Spielen. Ihr Nachwuchs benötigt genügend Freiraum und Zeit, um sich kindgerecht entwickeln zu können. Ein unstrukturierter und stressiger Tag ist keine gute Grundlage für eine abendliche Ausdauerübung.
Die größte Herausforderung ist es, eine gelassene Atmosphäre zu schaffen. Stützen Sie sich auf verlässliche Routinen mit einer Prise Flexibilität. Seien Sie Ihrem Kind ein gutes Vorbild und beschäftigen Sie sich selbst auch nur mit einer Sache. Ihr Kind lebt das, was ihm vorgelebt wird. Sprechen Sie darüber, dass Sie lieber einer Sache mit voller Aufmerksamkeit nachgehen als verschiedene Dinge gleichzeitig zu erledigen.

Konzentrationsübungen für Zuhause

Vorlesen: Das Lesen ist eine erprobte und effektive Konzentrationsübung. Es hilft Kindern, ihre eigenen Herausforderungen durch Geschichten anders zu erleben. Sprechen Sie mit Kindern über die Figuren in der Geschichte, über die Stolpersteine und Erfolgserlebnisse.

Traumreisen: Die tiefe Entspannung dient der körperlichen und geistigen Gesundheit. Stresshormone werden durch Ruhe und Wohlgefühl abgebaut.

Konzentrationsspiele: Memory oder Puzzle sind gut für die Sinne. In Ratespielen übt ein Kind seine Aufmerksamkeit. Unterschiede in Bildern finden oder kleine Ausschnitte in Wimmelbildern ausfindig machen, sind wunderbare Möglichkeiten, Konzentration zu fördern. Es tut Kindern übrigens gut, wenn sie merken, dass sie im Memory besser sind als die Erwachsenen!

Spielzeiten: Mit der Familie an Nachmittagen gemeinsam Spiele spielen – für alle ein Gewinn. Aber denken Sie daran, dass Langeweile Kindern guttut und sie herausfordert, sich kreative Spiele auszudenken. Sie müssen nicht immer gute Ideen parat haben, lassen Sie das Ihr Kind machen. Oder überlegen Sie zusammen, was Sie gern spielen möchten.

Wortketten: Sie und Ihr Kind sagen jeweils nacheinander ein Wort und am Ende entsteht ein witziger Satz – ein Spiel, das sich bei langen Fahrten bewährt hat.

Fehlersuche im Kinderzimmer: Das Kind soll sich sein Zimmer ganz genau anschauen und sich möglichst viel einprägen. Danach wird das Kind hinausgeschickt und Mutter/Vater entfernen einen Gegenstand. Bemerkt Ihr Kind, was fehlt? Eine einfachere Version des Spiels ist es, zehn Gegenstände unter einem Tuch zu verstecken, diese kurz anschauen zu lassen und das Kind danach raten zu lassen. Wie viele Gegenstände können aufgezählt werden? Auch hier sind Kinder oft besser als die Erwachsenen …

WUT UND SENSIBILITÄT

Alle Kinder sind sensible Wesen. Sie sind empfindsame kleine Persönlichkeiten und es lohnt sich, ihr Feingefühl zu fördern. An dieser Stelle soll es um die Kinder gehen, die eine besonders ausgeprägte Sensibilität haben, auch Hochsensibilität genannt. Schon im frühen Kleinkindalter zeigen hochsensible Kinder ihre besonderen Fähigkeiten und Bedürfnisse und reagieren empfindlich auf Reize aus ihrer Umgebung.

Wie lernen solche Kinder und wie nehmen sie ihr soziales Umfeld wahr?

Außenreize sind oft schwer zu verarbeiten. Bei zu vielen Eindrücken lässt die Aufmerksamkeit nach, was zum Beispiel im Straßenverkehr schwierig werden kann. Sie sollten Ihrem sensiblen Kind immer wieder erklären, wo sich mögliche Gefahren auftun können.

Nehmen Sie sich, wenn möglich, eine bewusste Auszeit, wenn das Kind überfordert ist – Zeit, um sich auszuruhen und Gefühle zu ordnen. Lesen Sie vor, kuscheln Sie, sorgen Sie für eine ruhige Umgebung, damit Ihr Kind seine Eindrücke verarbeiten kann.

Hochsensible Kinder gelten oft als schüchtern, doch Schüchternheit ist eine angelernte Eigenschaft, an der gearbeitet werden kann. Sie unterscheidet sich von der Introvertiertheit! Sensible Kinder sind meist introvertiert. Sie haben eine wunderbare Persönlichkeit mit vielen positiven Eigenschaften, die niemand ändern sollte. Es ist wichtig, dass wir introvertierten Kindern aufzeigen, dass sie mit ihren Stärken Berge versetzen können!

Durch ihre Kreativität entfalten sensible Kinder ihre emotionale Seite. Sie finden durch Basteln oder Malen ihren eigenen Weg, um sich zu artikulieren. Halten Sie immer genügend Papier, Stifte und Farben bereit! Lassen Sie Ihr Kind so viel malen, wie es möchte, interessieren Sie sich für die Bilder, aber reden Sie ihm nicht hinein.

Sensible Kinder müssen oft ermutigt werden, hinauszugehen, um zu spielen. Sie haben gern ihre Eltern in der Nähe. Ballspiele, Spiele im Garten oder Schwimmen sind auch für Eltern ein gutes Mittel, um die Nähe zu ihrem Kind nicht zu verlieren.

Sensibilität erkennen

Ein schüchternes Kind benötigt mehr Zuwendung und Aufmerksamkeit als ein „normales" Geschwisterkind. Mehr Kuscheln, Vorlesen, Zeit. Gefühlvolle Kinder haben weniger Kontakt zu anderen Kindern und ihr Freundeskreis ist klein, sie spielen lieber mit ein oder zwei anderen Kindern als in einer großen Gruppe. Wird es ihnen zu viel, ziehen sensible Kinder sich zurück, sie haben meist ein gutes Gespür dafür, wann sie Ruhe brauchen. Als Eltern sollten wir sie darin bestärken. Respektieren Sie das Bedürfnis des Kindes, geben Sie ihm das Gefühl, dass es in Ordnung ist, sich zurückzuziehen. Können hochsensible Kinder ihre Sensibilität nicht ausleben oder wird diese nicht erkannt, führt es nicht selten zu kränklichen Zuständen, Ermüdung und seelischem Leiden.

Sind sensible Kinder überfordert, legen sie auch mal übertriebene Reaktionen an den Tag. Sie können dann extrem in sich gekehrt sein oder aggressiv. In beiden Fällen ist es wichtig, sie aufzufangen.

Haben Sie einen Anhaltspunkt, dass Ihr Kind hochsensibel sein könnte, ist es sinnvoll, sich an einen Spezialisten zu wenden. Hochsensibilität ist keine Krankheit, sondern eine Gabe und ein komplexes Thema. Mittlerweile gibt es kostenlose Tests auf den Websites der Experten. Links finden Sie am Ende des Buchs.

Hochsensibilität hat viele Gesichter. Ein Großteil der hochsensiblen Kinder zieht sich in Alltagssituationen lieber zurück. Sie möchten für sich sein und ihre Zeit gestalten. Sie sind nicht gerne in größeren Gruppen, unter Reizüberflutung leiden sie.

Sensible Menschen erfassen intuitiv die Gemütszustände ihrer Mitmenschen und es ist schwer für sie, sich davor zu schützen. Viele sensible Kinder haben ein ausgeprägtes Gespür für Gerechtigkeit. Erleben sie, wie befreundeten oder bekannten Personen Unrecht angetan wird, können sie dies nur schwer ertragen. Belehrungen oder kritische Bemerkungen der Eltern verunsichern sie und sie reagieren darauf besonders empfindlich. Gelingt etwas nicht, ist die Enttäuschung über sich selbst oft sehr groß.

Es fehlt ihnen ein Plan, wie sie sich distanzieren können. Durchleben sie bestimmte Situationen, die sie überfordern, werden die Anzeichen über den Körper ausgedrückt. Vor Situationen, die ihnen bevorstehen, gehen sie in sich und warten ab beziehungsweise versuchen, das Bevorstehende für sich zu erklären. Oft ziehen sie sich in ihre „Tagträume“ zurück und vergessen die Welt um sich herum.

Auf ihre Mitmenschen wirkt das oft abwesend, verträumt, sogar schlafmützig. Dabei sind diese Kinder sehr kreativ und haben viel Fantasie, aber wenn die Außenreize sie überfordern, können sie das leider nicht richtig ausleben. Es ist wichtig, dass Eltern ihren Kindern signalisieren, dass sie gut sind, wie sie sind, und ihnen viele Möglichkeiten schaffen, in Ruhe ihren Gedanken nachzugehen.

Raum geben und gut Zuhören

Sensibilität bedeutet für Kinder, dass sie Unterstützung und Hilfe benötigen. Es ist bekannt, dass sensible Kinder ihre eigene Welt haben, in die sie sich vertiefen. Mit anderen Kindern herumalbern und tobend über den Spielplatz laufen, zählt nur manchmal dazu.

Manche Erwachsenen deuten so ein ruhiges Verhalten als „ichbezogen" oder vergleichen ihr Kind mit befreundeten Kindern gleichen Alters. Im schlechtesten Fall wird dem Kind dann ein Mangel oder eine Schwäche vor Augen geführt. Ein gesundes Selbstbewusstsein kann ein sensibles Kind so nicht aufbauen. Lehrkräfte, Bezugspersonen und Eltern sollten darauf achten, den Sachverstand des Kindes zu fördern. Sie sollten das Kind täglich dazu animieren, auf die Weise weiterzumachen, wie es das bisher auch getan hat.

Eltern können bei den Dingen ansetzen, die sie kontrollieren können. Sie können Lehrpersonen und Bezugspersonen nicht verändern und auch nicht beeinflussen. Eltern können aber ihren Kindern mitfühlend begegnen, präsent sein und zuhören, ohne Ratschläge zu erteilen. Kinder möchten gehört, gesehen und verstanden werden. Große Worte sind dazu nicht nötig, sondern viel Geduld, Liebe und Verständnis.

Arbeitet man gegen die Sensibilität des Kindes, wird es sich zum Negativen verändern. Nach heutigem Wissensstand kann Sensibilität an die nachfolgenden Generationen weitervererbt werden. Eltern, die ein empfindsames Kind haben und von sich selbst wissen, dass sie ebenfalls sensibel sind, können ihm Hilfestellung geben: Durch die eigenen Erfahrungen kann ein Elternteil Ratgeber sein und das Kind vor Irritationen schützen. Es hilft Kindern sehr, wenn sie von ihren Eltern hören, dass auch sie ähnliche Situationen erlebt haben und Herausforderungen bewältigen mussten.

Immer wiederkehrende Handlungen und ein festgelegter Tagesablauf geben dem Kind Struktur. Es hilft ihm, über andere Menschen mit Hochsensibilität zu hören und zu lesen. Kinderbücher oder Biographien über bekannte Persönlichkeiten können helfen, Selbstakzeptanz zu üben.

Gewaltfrei erziehen

Der Alltag mit Kindern ist nicht immer so leicht, wie man es sich wünscht. Niemand ist jeden Tag gleich belastbar, es gibt Stress und Engpässe. Kinder können unsere Geduld auf eine harte Probe stellen, aber ein „Klaps auf den Po" darf niemals die Lösung sein. Gewalt schadet dem Kind und der Eltern-Kind-Beziehung. Kindliches Fehlverhalten oder anderweitige Konflikte lassen sich durch Gewalt nicht lösen.

Eltern sollten verstehen, dass Strafen und Drohungen zwar kurzfristigen Erfolg bieten, aber spätestens in der Pubertät werden die Kinder nicht mehr so reagieren, wie es sich Eltern wünschen. Kinder, die Gewalt erleben, werden dies verinnerlichen und außerhalb des Hauses weitergeben. Ihr Lernen wird beeinträchtigt, weil durch ihre Ängste die Gehirnareale nicht mehr optimal funktionieren und sogar blockieren können.

Spielt in der Erziehung elterliche Gewalt eine Rolle, lernt das Kind, dass es sich im späteren Leben mit körperlicher oder verbaler Macht durchsetzen kann. Ein gutes Erziehungsziel ist das nicht.

Durch Gewalt wird ein Kind gedemütigt und in seiner Würde verletzt. Oft führt das zu Aggressionen, die sich bis in sein Erwachsenenleben durchziehen, weil das Kind früh gelernt hat, Gewalt in seinen sozialen Umgang einzubauen. Folgen können sein, dass sich die Spielkameraden von dem Kind abwenden und es isoliert wird.

Zur gewaltlosen Erziehung gehört also der Verzicht auf körperliche Strafen. Aber auch eine respektvolle Kommunikation ist wichtig. Unterschätzen Sie nicht die verbale Macht Ihrer Worte! Begegnen Sie Ihrem Kind auf Augenhöhe, auch wenn es etwas falsch gemacht hat.

Es ist wichtig, sich für das Wohl des Kindes einzusetzen und den gewaltfreien Weg gemeinsam als Eltern zu gehen. Aber es kann vorkommen, dass Eltern untereinander nicht ganz einig über den Umgang mit ihrem Kind sind. Falls ein Elternteil Worte anwendet oder Dinge tut, die dem Kind Schaden zufügen, müssen die Eltern miteinander sprechen und für das Kind ist es wichtig, dass der andere Elternteil das Gespräch sucht. Trotzdem müssen Eltern nicht den exakt gleichen Erziehungsstil leben. Kinder können sehr wohl mit der Verschiedenartigkeit ihrer Eltern umgehen.

Impulskontrolle lernen

Es ist ein Mythos, dass Elternschaft natürlich gefühlt und gelebt werden sollte. Die meisten von uns sind beeinflusst von negativen Glaubenssätzen und reagieren in schwierigen Situationen so, wie sie es im eigenen Elternhaus erlebt haben. Deshalb ist es wichtig, sich weiterzubilden, wie das in anderen Berufen regelmäßig erwartet wird.

Natürlich sind Sie nicht jeden Tag ausgeglichen und geduldig im Umgang mit Ihrem Nachwuchs. Zu viele Faktoren wirken auch auf Sie und Ihre Psyche ein. Stress im Alltag ist ein Grund, warum es in der Erziehung gelegentlich zu „Ausrastern" kommen kann. Sobald Sie bemerken, dass Ihnen gerade alles zu viel wird, sollten Sie sich aus der unerfreulichen Lage herausziehen. Verlassen Sie das Zimmer, damit Sie für sich wieder Ruhe finden und Ihrem Kind gegenüber nicht ungerecht handeln. Suchen Sie sich für solche Situationen Rituale, die Ihnen helfen wieder in die Balance zu kommen. Atemübung, Achtsamkeits-Meditation oder was auch immer zu Ihnen passt.

Ist der Stress mit Ihrem Kind ein dauerhafter Zustand, sollten Sie sich überlegen, ein Anti-Stress-Seminar zu belegen. Für Mütter und Väter kann das eine hilfreiche Unterstützung sein, weil sie besser verstehen, woher der Stress kommt und was sie selbst ändern können. Ebenso kann es hilfreich sein, einen Experten auf diesem Gebiet aufzusuchen und eine für Sie maßgeschneiderte Lösung zu finden. Nicht selten spielt eine gewaltbereite Erziehung eine Rolle, wenn dem Kind immer wieder die gleichen Dinge gesagt werden müssen. Sprechen Sie sich mit Ihrem Kind ab, das verhindert zusätzlichen Ärger.

Oftmals „rutscht einem die Hand aus“ oder wir sagen Dinge, die wir später bereuen. Um dies zu verhindern, treffen Sie mit Ihrem Sprössling klare Absprachen oder führen Rituale ein, um Entspannung in das Familienleben zu bringen. So können Sie Ihrem Kind beibringen, zu einer bestimmten Uhrzeit ins Bett zu gehen, wenn sie ihm zum Einschlafen eine kurze Geschichte vorlesen. Mit diesem Ritual verläuft der Abend für beide Seiten angenehmer, als wenn Sie jeden Abend aufs Neue diskutieren müssen.

Werte und Leitbilder

Es ist hilfreich für Eltern, sich seiner Werte bewusst zu sein und diese in der Familie regelmäßig zu besprechen. Bei Familienmeetings kann man Herausforderungen des Alltags thematisieren und sie mit den Werten abgleichen. Daraus können dann ein paar Regeln entstehen. Wie zum Beispiel der Wert: Wir gehen respektvoll miteinander um. Oder die Regel: Sprich so, wie du auch willst, dass man mit dir spricht. Oder: Höre zu und lasse die anderen ausreden.

Jede Familie hat gemeinsame wichtige Ziele, in die die individuellen Wünsche und Persönlichkeiten einbezogen werden sollten. Wenn für Sie die Mission Ihrer Familie klar ist, sollten Sie sicherstellen, dass die anderen Familienmitglieder mit im Boot sind. Wenn nicht, lohnt es sich, Zeit in die Besprechung eines gemeinsamen Leitbildes zu investieren.

Über Leitfragen sollten Sie in einer lockeren Atmosphäre während der Mahlzeiten oder bei einem Familienmeeting nachdenken. Alle Familienmitglieder sollen sich daran beteiligen und sagen, was ihnen wichtig ist. Mit dem Familienleitbild müssen alle einverstanden sein. Alle haben die Möglichkeit zu sprechen und hören einander aufmerksam zu.

Impulse für das Gespräch:

Welche Prioritäten haben wir?

Wie stehen wir zu Fehlern?

Wie helfen wir einander, wenn Probleme auftauchen?

Wie lösen wir Konflikte?

Wie lassen wir einander den gewünschten Freiraum?

Wie nehmen wir uns füreinander Zeit?

Wie lernen wir voneinander?

Wie reflektieren wir unsere eigenen Entscheidungen?

Wie bemühen wir uns, das Beste zu geben?

Das Resultat sollte ein Leitbild sein, das alle anspricht und inspiriert. Halten Sie Ihre Abmachung schriftlich fest. Vielleicht mögen Sie Ihr Leitbild sogar verzieren, einrahmen und an einem sichtbaren Ort aufhängen.

Respekt: Du bist mir wichtig

Respektvoller Umgang miteinander und Verständnis füreinander sind das Wichtigste für ein liebevolles Familienleben. Hierzu ist auch ein gutes Vorbild der Eltern nötig. Setzen Sie Ihrem Kind klare Grenzen und erstellen Sie Regeln, die es auch einhalten kann. Loben Sie Ihr Kind bei gutem Verhalten und achten Sie darauf, dass das Lob angemessen ist. Ein Lob für Dinge, die das Kind schon längst kann, wirkt eher herablassend oder auch unaufmerksam. Äußern Sie keine übermäßige Kritik bei Fehlverhalten.

Kurze Ansagen sowie altersgerechte Anforderungen sind eine wichtige Basis für gewaltlose Erziehung.

Wichtig: Reden Sie nicht auf ihr Kind ein, elterlicher Wortschwall erreicht eher das Gegenteil von dem, was Sie wollen – Ihr Kind hört Ihnen nicht zu, wenn Sie sich zu oft wiederholen.

Denken Sie auch über Ihre eigenen Grenzen nach und kommunizieren Sie diese: Wie und wann muss ich reagieren und einschreiten, damit es mir in meiner Elternrolle gut geht?

Wenn Sie ihrem Kind Rückmeldungen oder eine Anweisung geben wollen, dann stellen Sie sicher, dass die gesamte Aufmerksamkeit auf das Kind gerichtet wird. Kein Kind wird Ihnen zuhören, wenn Sie am Herd stehend etwas einfordern oder aus der Küche etwas in den Flur rufen, während das Kind im Kinderzimmer mit anderen Dingen beschäftigt ist. Halten Sie bei Ansprachen den Blickkontakt zu Ihrem Kind, das signalisiert ihm, dass Sie nicht nebenher mit anderen Dingen beschäftigt sind, und wählen Sie eine kindgerechte Formulierung. So erweisen Sie Ihrem Kind den Respekt, den Sie sich von ihm wünschen.

Meine Werte, deine Werte

Verschiedene Umfragen aus den vergangenen Jahren haben ergeben, dass Werte wie Hilfsbereitschaft, Solidarität, Ehrlichkeit, Toleranz und Treue weiterhin große Bedeutung haben. Bestimmt können Sie diese Aufzählung noch um Werte ergänzen, die Ihnen persönlich wichtig sind. Wie stark die Werte einem Wandel unterliegen, zeigt sich an Beispielen aus der Vergangenheit. Noch Mitte des letzten Jahrhunderts waren Fleiß, Pünktlichkeit, Bescheidenheit, Höflichkeit und Gehorsam wichtige Werte. Frauen wurden weniger Rechte zugesprochen und der Mann hatte „das Sagen" in einer Ehe. Gut erzogene Kinder waren bei Tisch ruhig und durften nur dann antworten, wenn sie von den Erwachsenen etwas gefragt wurden.

Einige dieser Haltungen können heutzutage noch hilfreich sein wie ein freundlicher Umgang miteinander, Fleiß oder Pünktlichkeit.

Werte sind also wichtig, aber wie können wir sie in der Familie umsetzen? Denn eins ist klar: Kleinkinder sind richtige Egomanen, die in ihren ersten Lebensjahren nur ihre eigenen Wünsche wahrnehmen. Sie sind noch nicht in der Lage, zwischen „dein" und „mein" einen Unterschied zu erkennen, das müssen sie erst noch lernen.

Für ein Kind ist es das Wichtigste, seine Welt zu erkunden und zu begreifen. Aber das wird es nur schaffen, indem es alles für „seins" erklärt. Deshalb versteht es zunächst nicht, warum es sein Spielzeug oder die Kekse teilen soll, und fordert lautstark die Befriedigung seiner Bedürfnisse ein.

Bis zum dritten, vierten Lebensjahr ist das so. Erst durch die zunehmenden sozialen Erfahrungen erhöht sich die Fähigkeit des Kindes, bei Entscheidungen die Belange von anderen Menschen wahrzunehmen und zu berücksichtigen. Erst zu Beginn des Vorschulalters lernt das Kind, die moralischen Ausmaße seines Handelns zu erkennen und beginnt, die Unterschiede zu verstehen zwischen „Richtig" und „Falsch" und „Gut" und „Böse". Es ist eine der vielen Aufgaben von Eltern, diesen Lernschritt zu unterstützen. Die Kinder sind dann besser in der Lage herauszufinden, worauf die Eltern Wert legen.

Ein Beispiel, das die meisten kennen, die mit ihren Kindern schon einmal an einem Strand waren: Es macht ihnen Spaß, mit Steinen oder Sand zu werfen. Erklären Sie, warum das nicht geht: Anderen macht es keinen Spaß von einem Stein getroffen zu werden, Sand in die Augen zu bekommen oder eine versandete Stulle zu essen. Seien Sie konsequent, aber bleiben Sie ruhig. Ihr Kind wird verstehen, was Sie ihm erklären.

In den Kitas lernen die Kleinen in der Frühförderung, dass sie eine gewisse Leistung erbringen müssen, was sie für ihr weiteres Leben fit machen soll.

Doch neben diesen „Lerneinheiten“ steht auch der Wunsch der Eltern, den Kindern Werte zu vermitteln: Verlässlichkeit, Vertrauen und Ehrlichkeit, damit sie einen eigenen Standpunkt vertreten und ihren Weg gehen können. Diese Werte können nicht einfach in eine „Schublade“ gesteckt und bei Bedarf hervorgezogen werden, sondern unterliegen einem ständigen Wandel. Beeinflusst werden sie durch politische, gesellschaftliche und soziale Rahmenbedingungen genauso wie durch die individuellen Lebensvorstellungen und Ausrichtungen eines Menschen.

Für die Verinnerlichung dieser Werte braucht es Zeit. Wenn es mal nicht so läuft, ist das eine Gelegenheit, mit dem Kind Gespräche zu führen, Vertrauen zu bilden und ihm alternative Handlungsmöglichkeiten aufzuzeigen. „Du sollst nicht lügen!“ Das ist sicher ein wichtiger Grundsatz. Dennoch: Wenn ein Kind lügt, kann man das ruhig mit einer Dosis Verständnis betrachten, ohne dass gleich die ganze Erziehung in Frage gestellt wird. Finden Sie behutsam heraus, warum gelogen wurde. Weil das Kind sich nicht getraut die Wahrheit zu sagen? Weil es mit starken Konsequenzen rechnet? Oder hat es Grenzen ausgetestet?

Vorbild sein

Wie sich Erwachsene verhalten, beobachten Kinder sehr genau. Auch wenn Eltern oder Bezugspersonen sich dessen nicht immer bewusst sind, prägen sich Kinder die Handlungsweisen gut ein und imitieren sie. Sofern Sie Ihrem Kind ständig einprägen, dass es nicht lügen soll, sollten Sie im Beisein Ihres Kindes ebenfalls nicht lügen. Wenn Sie doch einmal nicht ganz bei der Wahrheit bleiben, zum Beispiel weil Sie jemanden nicht verletzen oder bloßstellen wollen, und Ihr Kind spricht sie darauf an, streiten Sie es nicht ab, sondern erklären Sie Ihr Vorgehen.

Leider kommt es hin und wieder vor, dass man seinem Kind etwas verspricht, was dann doch nicht eingehalten werden kann. Sie wollten mit Ihrem Kind ein Puzzle machen, kommen aber doch nicht dazu, weil Sie überraschend Besuch bekommen haben? Besprechen Sie, wann Sie das Spiel nachholen und halten Sie sich an die Abmachung. Wenn ein Kind seinen Eltern nicht mehr glaubt, wenn es etwas versprochen bekommt, dann hat die Wertvorstellung der Verlässlichkeit einen Riss bekommen. Um das zu vermeiden, sollten Sie nichts versprechen, was Sie möglicherweise nicht halten können.

Liegt Ihnen viel daran, Ihrem Kind die Einstellungen näherzubringen, die Ihnen selbst von Bedeutung sind, sollten Sie sie auch glaubhaft vermitteln. Leben Sie ihm genau diese Werte vor. Ohne ein gutes elterliches Vorbild sind Erklärungen über eine innere Haltung wirkungslos.

Übertragen Sie Ihre innere Einstellung auf die Ihres Kindes. Erklären und zeigen Sie Ihrem Nachwuchs, welche Vorteile bestimmte Werte haben und wie er diese für sich nutzen kann. Ist es beispielsweise ehrlich gegenüber seinen Freunden, wird es sicherlich gemocht werden. Hilfsbereitschaft wird sich ebenfalls durch Anerkennung der Freunde oder seitens der Familie auszeichnen. Legen Sie Ihrem Nachwuchs dar, dass er eine Persönlichkeit werden kann mit einer besonderen Lebenseinstellung. Natürlich erst dann, wenn das Kind versteht, was Sie ihm weitergeben möchten, also etwa ab dem Vorschulalter.

HARMONIE IN DER FAMILIE

Die Herausforderungen, die in der heutigen Zeit an eine Familie gestellt werden, sind groß. Es spielt keine Rolle, ob Patchworkfamilie, Alleinerziehende oder die klassische Rollenverteilung, eines ist immer gleich: Jeder, der sich um seine Familie kümmert, hat eine Menge Arbeit. Beruf, Freizeit, Kinder und Haushalt wollen in Einklang gebracht werden. Die Erwachsenen sind dafür verantwortlich, dass alles möglichst ohne Probleme funktioniert. Sie organisieren für ihre Kinder Hausaufgaben, Hobbys, Ausflüge und noch einiges mehr. Nebenbei gehen sie noch zur Arbeit, erledigen den Haushalt und gehen eigenen Freizeitaktivitäten nach.

Das ist viel und wir wünschen uns alle ein harmonisches Familienleben. Die Freude an den Kindern sollte uns nie abhandenkommen! Hier sind zehn Tipps, die helfen, den Überblick zu behalten.

Mit Planung wird es einfacher

Eine gute Planung ist das A und O für ein einigermaßen reibungsloses Familienleben. Vor allem dann, wenn Fahrdienste für Kinder, Kochen und diverse Trainings sich nicht überschneiden sollen. Damit Sie alle Termine gut einplanen können, ist es sinnvoll, sich einen großen und übersichtlichen Kalender anzuschaffen. Das kann ein Familienplaner sein, der in der Küche aufgehängt wird, oder eine App im Handy. Wichtig ist, dass Sie sich mit Ihrem Partner abstimmen und ihn einbeziehen. Vernünftig ist es auch, einen festen Tag in der Woche zu haben, an dem Sie die Termine besprechen und eintragen. Doch eines sollten Sie nicht machen: jede freie

Minute verplanen. Für jeden in der Familie ist es wichtig, mal nichts zu machen beziehungsweise einen „Zeitpuffer" zu haben, Zeit für sich selbst, #metime.

Erweitern Sie Ihr Support-System so gut wie möglich und denken Sie über kreative Lösungsansätze nach. Vielleicht können Sie sich mit anderen Eltern oder Nachbarn absprechen und sich auch mal an einem Wochenende mit der Betreuung der Kinder gegenseitig aushelfen. Oder sie wechseln sich mit dem Kochen ab, so dass eine Familie die Zubereitung für eine andere Familie abwechslungsweise übernimmt. Dann wird es Ihnen sicher gelingen, alles zusammenzuhalten und auch einmal zur Ruhe zu kommen.

Familienkonstellation berücksichtigen

Haben Sie das Gefühl, dass die Auseinandersetzungen in Ihrer Familie mehr werden? Das ist ganz normal! Jedes Familienmitglied entwickelt sich weiter, vor allem natürlich die Kinder, aber auch die Eltern. Die Struktur der Familie ändert sich, weil die Kinder älter werden, ihr Umfeld verändert wahrnehmen und sich anders verhalten. Neue Fragen tauchen auf, mit denen man sich plötzlich auseinandersetzen muss.

Auch wenn das Streitpotenzial größer wird: Bleiben Sie als Elternteil ruhig! Treten Sie im Geist ein paar Schritte zurück und betrachten Sie genau Ihre Familienkonstellation: Haben Sie mehrere Kinder oder nur eins? Sind Sie alleinerziehend? In welchem Alter sind Ihre Kinder? Was sind die Punkte, die Reibereien verursachen?
Wenn Sie sich diese Dinge bewusstmachen, können Sie eine Lösung konkreter angehen und es fällt viel leichter, die Nerven zu bewahren.

Eine Familie besteht aus verschiedenen Persönlichkeiten und bildet ein System. Wenn sich extrovertierte Eltern auf stark introvertierte Kinder einlassen müssen – oder umgekehrt –, kann das zu Unverständnis führen.

Oft braucht es bei größeren Veränderungen eine intensivere Präsenz und mehr Gespräche. Wenn Kinder größer werden, werden die Zeitfenster für einen Austausch kleiner. Achten Sie darauf, dass es genug Gesprächsmöglichkeiten gibt.

Dem Stress keine Chance geben

Manchmal läuft nicht alles so, wie man es sich vorstellt. Sobald Sie spüren, dass in Ihnen Unruhe oder Gereiztheit entsteht, weil eine Situation angespannt ist, suchen Sie sich einen ruhigen Platz. Machen Sie sich bewusst, dass Stress Sie einer Lösung nicht näherbringt. Im Gegenteil! Bei Hektik und Nervosität trifft man schlechte Entscheidungen und macht sich und seinen Lieben das Leben unnötig schwer.

Es gibt Tage, an denen es nicht rund läuft, dann bleiben Sie gelassen und akzeptieren Sie das. Die Zeiten werden sich auch wieder ändern. Eltern müssen viele Dinge auf einmal jonglieren. Wenn Sie diese Herausforderung als bereichernd und stärkend betrachten können, dann signalisieren Sie ihren Kindern, dass es möglich ist, mit stressigen Situationen gelassen umzugehen.

Regeln aufstellen

Ein strukturierter Tagesablauf hilft der ganzen Familie, Rituale und Regeln geben dem Familienleben Struktur. Dies geht los bei bestimmten Verhaltensregeln wie zuhören, ausreden lassen und freundlich bleiben. Es geht weiter mit festen Zeiten für Mahlzeiten, Fernsehen oder Vorlesen bis hin zu Ritualen beim Zubettgehen.

Bringen Sie Ihrem Nachwuchs auf spielerische Art und Weise bestimmte Verhaltensmuster bei, später werden sie Ihren Kindern leichter von der Hand gehen. Verdeutlichen Sie ihm, wie wichtig es ist, konsequent an Dingen dranzubleiben, zum Beispiel am Aufräumen. Geben Sie Ihrem

Kind schon früh kleine Aufgaben im Haushalt. Achten Sie darauf, dass die Regelungen nicht allzu streng werden, denn es sollte ja noch Freude bereiten, aber machen Sie einen Plan und lassen Sie das Kind mitentscheiden!

Disziplin vorleben

Auch wenn es hin und wieder schwierig ist: Seien Sie ein gutes Vorbild für Ihren Nachwuchs. Kinder haben sonst Schwierigkeiten, den Sinn einer Vorgabe zu verstehen. Wenn Sie selbst stundenlang auf dem Sofa liegen, aber wollen, dass Ihr Kind sich mehr bewegt, dann messen Sie mit zweierlei Maß und Ihr Kind wird das nicht verstehen. Trotzige Reaktionen und Unzufriedenheit sind die Folge. Geht es ums Aufräumen: Räumen Sie zusammen auf, dann geht es leichter und Sie verbringen Zeit mit Ihrem Kind.

Gemeinsame Unternehmungen

Gemeinsame Zeit ist wichtig für eine Familie! Damit ist nicht unbedingt die Zeit gemeint, die man ohnehin in der Wohnung zubringt mit Hausaufgaben oder gemeinsamem Fernsehen. Es geht um aktive Stunden, die Eltern zusammen mit ihren Kindern draußen verbringen, zum Beispiel bei Spaziergängen oder Fahrradtouren, auf dem Spielplatz oder, oder … Stunden, in denen man den Alltag hinter sich lässt und auf Entdeckungsreise geht. Gemeinsame Unternehmungen stärken das Zusammengehörigkeitsgefühl von Eltern und Kindern, haben positive Auswirkungen auf das soziale Miteinander und helfen dabei, Spannungen abzubauen. Aktive Familien sammeln Erfahrungen, die prägen und ein Leben lang in Erinnerung bleiben.

Nobody is perfect!

Familien könnten wesentlich glücklicher sein, wenn der Druck auf die einzelnen Mitglieder nicht so groß wäre. Nobody is perfect! Ganz gleich, wie sich andere Mütter und Väter organisieren, wie gut erzogen ihre Kinder sind – auch in diesen Familien läuft es nicht immer rund. Es lohnt sich also nicht, einem Idealbild hinterherzulaufen, das Sie ohnehin nicht erfüllen können.

Denken Sie in Ruhe darüber nach, wo Sie sich selbst, Ihren Partner oder die Kinder unter Druck setzen. Welche Themen sind Ihnen wichtig, welche Ziele? Welche Themen sind Ihnen vielleicht *zu* wichtig? Wie war das in Ihrer eigenen Kindheit? Der Wunsch nach Perfektion hat oft mit den Werten in der Ursprungsfamilie der Eltern zu tun. Welche Rolle spielten zum Beispiel sportliche Leistungen oder gute Noten in der Schule? Gab es Sanktionen oder gar Liebesentzug, wenn Ziele nicht erreicht wurden? Vielleicht konnten Sie auch Ihr Selbstwertgefühl in der Kindheit nicht genügend stärken und versuchten Lücken mit Leistungen auszugleichen. Höchste Zeit, dass Sie an diesen Gefühlen arbeiten und beginnen, Fehler zuzulassen! Sie werden Ihrem Kind damit viele Hindernisse aus dem Weg räumen.

Selbstständigkeit

„Das kannst du nicht“ ist ein Satz, den ein Kind nur dann hören sollte, wenn es wirklich stimmt und man eine gute Begründung hat. Ermutigen Sie vielmehr Ihr Kind, selbstständig Dinge zu tun. Lassen Sie es zu, wenn es allein seinen Becher vom Esstisch zur Spülmaschine bringt oder aufs Spielgerüst klettert. Erlauben Sie Ihrem Kind, seine eigenen Fehler zu machen, aber bleiben Sie in der Nähe, um es aufzufangen, sollte es fallen!

Je nach Alter und Fähigkeiten darf das Kind Verantwortung für Dinge übernehmen. Es kann darum gehen, dass kleinere Aufgaben erledigt werden oder es seine eigene Meinung kundtut und es das Gefühl hat, dass seine Meinung etwas zur Sache tut.

Kleine Schritte sind von großer Bedeutung auf dem Weg zur Selbstständigkeit. Je mehr das Kind eigenständig experimentieren kann, desto motivierter wird es neue Herausforderungen angehen. Es lernt zu handeln und dass Niederlagen und Fehler zum Leben dazugehören. Rollerfahren gelingt nicht beim ersten Mal, dazu braucht es Zeit und die Zuversicht, es irgendwann hinzukriegen.

Ein gemütliches Zimmer

Mit Sicherheit kennen Sie den Spruch: „In einem gesunden Körper wohnt ein gesunder Geist."

Auf Familien übertragen könnte das bedeuten, dass eine zufriedene Familie in einem gemütlichen Zuhause lebt. Gestalten Sie Ihre Räume wohnlich, damit man sich gern darin aufhält. Sie sollten gemütlich eingerichtet sein und den Stil der Familie widerspiegeln, aber nicht überladen sein. Zu viele Reize und Eindrücke können schnell in Unruhe und Nervosität umschlagen.

Kommunikation

Missverständnisse und unausgesprochene Dinge führen oft zu stressigen Situationen. Wichtig ist der Austausch mit Ihrem Kind. Haben Sie immer ein offenes Ohr und seien Sie ihm stets ein guter Weggefährte. Hören Sie ihm genau zu, damit Sie Problematiken heraushören und diese mit ein wenig Glück sofort klären können. Eine glückliche Familie steht in ständigem Austausch miteinander.

Im gemeinsamen Gespräch zeigen Sie, dass Sie Ihr Kind ernst nehmen. Zum Beispiel kann eine Unterhaltung über Aktivitäten oder Hobbys

Ihrem Kind zeigen, dass Sie sich dafür interessieren, was es macht. Umgekehrt dürfen Sie als Elternteil auch von Ihrem Alltag berichten und teilen, was Sie erlebt haben. Das wiederum vermittelt Ihrem Kind, dass es ein „gleichgestellter" Gesprächspartner ist. Vor allem wenn Kinder von sich aus wenig vom Schul- oder Kindergartenalltag berichten, können Sie als Elternteil das Gespräch beginnen und über ihre Rosen und Dornen berichten. Das Kind wird wahrscheinlich bald einhaken und beginnen zu erzählen.

Geborgenheit geben

Kinder brauchen Sicherheit und Geborgenheit. Es gibt viele Wege, den eigenen Kindern Geborgenheit, Liebe und Gefühle zu zeigen, damit sie selbstsicher aufwachsen und sich zu einer einfühlsamen und charismatischen Persönlichkeit entwickeln können.

Schon allein durch den täglichen Umgang erfährt ein Kind Fürsorge. Indem Sie die Wesenszüge Ihres Kindes annehmen, entwickelt es sich zu einer eigenständigen Persönlichkeit. Entscheidend bei der Fortentwicklung Ihres Kindes ist, dass das Gefühl von Sicherheit und Verantwortung da ist. Gerade Babys und Kleinkinder benötigen viel Körperkontakt und Kuscheleinheiten. Diese vertraute Zeit ist wichtig für die weitere Entwicklung. Wenn Kinder weinen oder schreien, ist es die Pflicht der Eltern, sie zu umarmen und zu trösten. In der weiteren Wachstumsphase erfährt ein Kind Liebe und Aufmerksamkeit, indem die Eltern es unterstützen und ihm beistehen, wenn es Misserfolge durchlebt.

Wohlgemerkt: Nicht jeder Erwachsene und nicht jedes Kind hat ein gleich großes Bedürfnis nach Harmonie und Berührung. Daran sollte man denken, wenn das mit dem Kuscheln nicht so läuft, wie wir uns das vorstellen. Manchmal stehen uns aber auch unsere eigenen Erfahrungen aus unserer Kindheit im Weg. Wenn wir als Kind wenig Kuscheleinheiten bekommen haben, dann fällt es uns vielleicht schwer, die Nähe zu unserem

Kind zuzulassen. Vielleicht haben wir aber auch zu viel und erdrückende Zuwendung erfahren, die nun zum Problem wird. Wenn das der Fall sein sollte, dann holen Sie sich therapeutische Unterstützung, um alte Wunden zu heilen. Das bringt Sie selbst weiter auf Ihrem Lebensweg und hilft Ihrem Kind.

Kinderglück

Alle Eltern wünschen sich für ihr Kind, dass es glücklich ist und zu einer bodenständigen, selbstbewussten Persönlichkeit heranwächst. Was können Sie dafür tun?

Liebe und Zuneigung

Für Kinder ist es bedeutsam, dass sie eine Bezugsperson haben, die ihnen ohne Kompromisse mit Liebe, Verständnis und Respekt begegnet. Sie sollte das Kind umsorgen, zuhören und die Gefühle verstehen können. Nur dann, wenn ein Kind Emotionen wie Freude, Traurigkeit, Eifersucht oder Wut ausdrücken darf, lernt es seine eigenen Bedürfnisse kennen. Und nur so werden Kinder Schritt für Schritt ihre eigene Persönlichkeit entwickeln.

Ein sicheres Zuhause

Kinder brauchen ein sicheres Zuhause, in dem sie sich behütet fühlen und keine Angst haben müssen. Sie sollten in einer Welt leben dürfen, in der sie sich wohlfühlen und draußen in der Natur sein können. Nicht jedes Zuhause ist kindgerecht, vor allem nicht in Kriegsgebieten oder wenn Naturkatastrophen den Lebensraum zerstören. Entscheidungen, die heute von der Menschheit getroffen werden, formen die Welt von morgen, in der die Kinder zukünftig leben. Die Themen Klimawandel und Umweltzerstörung, Krieg und Geflüchtete sind allgegenwärtig. Wenn Kinder negative Nachrichten im Umfeld aufschnappen, dann ist es auf jeden Fall sinnvoll, diese in der Familie zu besprechen.

Grenzen und Strukturen

Bei allen Freiheiten, die wir unseren Kindern heutzutage gewähren, ist es weiterhin nötig, Grenzen zu setzen und den Alltag gut zu strukturieren, damit die Kinder sich orientieren können. Denken Sie genau darüber nach, welche Grenzen Sie wichtig finden und konzentrieren Sie sich darauf. Es ist einfacher, Grenzen einzufordern, wenn es nicht zu viele gibt.

Erfahrungen sammeln und aus Fehlern lernen

Kinder fordern mit zunehmendem Alter mehr und mehr Eigenständigkeit – und das ist auch richtig so! Für sie hat es große Bedeutung, Freiheiten zu haben und ein Geheimnis vor den Eltern oder Geschwistern zu bewahren. Den wachsamen Augen der Eltern auch mal zu entkommen ist wichtig. Auf diese Weise sammeln sie ihre eigenen Erfahrungen und dürfen ihre eigenen Fehler machen. Eltern sollten ihren Kindern diese Freiheiten zugestehen und sie unterstützen und aufbauen, wenn sie Fehler gemacht haben oder enttäuscht sind. Ihr Ziel sollte sein, dass Ihre Kinder Ihnen freiwillig über ihre Fehltritte berichten. Dafür brauchen sie die Gewissheit, dass Sie ihnen fair und liebevoll begegnen.

Kinderängste

Kinderängste sind ganz normal. Die meisten Kinderängste vergehen mit zunehmendem Alter von allein, da sich der Charakter des Kindes stärkt und reifer wird. Begleiten Sie Ihr Kind bestmöglich in dieser Phase. Sollten Sie aber feststellen, dass das Angstgefühl zu tief sitzt und Sie nicht weiterkommen, zögern Sie nicht und suchen Sie sich professionellen Beistand.

Wie können Sie Ihr Kind dabei unterstützen, mit seinen Ängsten umzugehen? Die Angst sollte niemals ausgeblendet werden, im Gegenteil, sie ist ein wichtiger Indikator für etwas, was sich im Leben des Kindes abspielt und es bedrückt. Daher sollte man sich die Angst genau anschauen und analysieren. Dazu muss man als Mutter oder Vater in einem Gespräch auch mal schweigen, eine vertraute Atmosphäre schaffen und abwarten, was das Kind erzählt.

Haben Sie verstanden, was die Angst auslöst, können Sie mit Ihrem Kind besprechen, was in Zukunft die beste Herangehensweise ist. Auch Meditationen können durch beruhigende Worte und Botschaften Hilfestellung geben. Eine Empfehlung für eine Traumreise zur Entspannung und um Ängste abzubauen, finden Sie am Ende des Buches.

Trennungsängste

Eines der ersten und intensivsten Gefühle, das ein Kind kennenlernt, ist die Trennungsangst, die es durch die nächsten Entwicklungsphasen begleiten wird. Ausgelöst werden diese Ängste durch einen inneren Konflikt zwischen dem Verlangen eigenständig zu sein und dem Bedürfnis nach Sicherheit und Geborgenheit.

In der Regel fangen Kinder ab dem dritten Jahr an, von Hexen und Monstern zu fantasieren. Diese Fantasievorstellungen sind für sie so real, dass sie diese Kreaturen sehen und Ängste haben. Das Vorstellungsvermögen fokussiert sich nur noch auf diese Ungeheuer. Eltern müssen nicht selten abends unterm Bett nachschauen, ob sich dort nicht doch ein Monster versteckt hält. Ab dem siebten Lebensjahr haben die Kinder normalerweise gelernt, ihre Ängste selbstständig zu kontrollieren. Die Phase der Hexen, Monster und Ungeheuer ist größtenteils abgeschlossen.

Versagensängste

Zu Beginn der Grundschule kommt es öfter vor, dass bei Kindern Ängste aufgrund der neu gestellten Anforderungen aufkommen. Sie sind unsicher, ob sie den Leistungsanforderungen gerecht werden und die Aufgaben erfüllen können, haben Angst vor dem Kontakt mit Mitschülern und Lehrkräften, vor Demütigungen durch andere Kinder, Bloßstellung oder Anfeindungen.

Versagensängste oder auch Leistungsdruck behindern Kinder in ihrem Tun und ihrem natürlichen Drang, die Welt zu entdecken. Schon allein die Vorstellung ist ausreichend, um schlechte Noten in Klassenarbeiten zu schreiben, und die Beklemmung breitet sich aus. Selbst wenn sie vorab genügend geübt haben, bereitet es ihnen Sorgen, dass sie keine gute Note erreichen und von den Mitschülern ausgelacht werden. Oder schlimmer noch, dass sie die Eltern enttäuschen. Pessimismus und nagender Gram verursachen körperliche Beschwerden, zum Beispiel Kopf- und Bauchschmerzen und allgemeines Unwohlsein.

Leistungs- und Prüfungsängste können so weit gehen, dass Kinder und Jugendliche in den Prüfungen selbst einen Blackout bekommen und das gelernte Thema praktisch „vergessen“. Diese Anzeichen der Furcht bewegen Kinder dazu, Situationen, in denen Leistungen oder soziales Miteinander gefordert werden, von Anfang an zu vermeiden, um die negativen Gefühle zu umgehen. Eltern sollten mit ihren Kindern frühzeitig sprechen und gemeinsam daran arbeiten, diese Scheu zu überwinden.

Im äußersten Fall entwickelt sich eine so starke Abneigung gegen die Schule, dass die Kinder sich weigern, weiter in die Schule zu gehen. Das kann nur eine Phase sein, aber warten Sie nicht zu lange. Holen Sie sich Unterstützung, wenn das Kind mit Versagensängsten, negativen Glaubenssätzen, Konzentrations- und Motivationsmangel zu kämpfen hat.

Die Ängste nicht ausreden!

Ängste gehören zum Leben dazu und schützen auch vor gefährlichen Situationen, doch manche Furcht bezieht sich auf Themen, die das Kind noch nicht richtig deuten kann, beziehungsweise nicht klar genug ansprechen kann. Dies ist zum Beispiel der Fall, wenn ein Elternteil an einer schweren Krankheit leidet und das Kind nun Angst vor dem Verlust hat. Es wird möglicherweise nicht mehr in die Kita gehen wollen.

Auch wenn dem Kind keine reale Gefahr droht und es sich „nur“ vor Monstern fürchtet: Machen Sie nicht den Fehler und tun Sie die Ängste ab oder lachen das Kind gar aus! Für Ihr Kind sind Sie in dem Moment ganz real und bedrohlich. Also hat es Angst und möchte sich am liebsten verstecken oder wegrennen. Es ist ganz normal, dass Ihr Kind dann zu Ihnen kommt oder Sie zu sich ans Bett ruft. Es wird viel mutiger mit einem Elternteil an seiner Seite. Nehmen Sie Ihr Kind in solchen Situationen sehr ernst.

Sprechen Sie mit Ihrem Kind

Kindern hilft es, wenn sie verstehen, dass auch Erwachsene ab und zu Ängste haben und diese sie an manchen Stellen sogar vor Gefahren warnen. Sie können Ihrem Kind ruhig erzählen, wovor Sie sich als Kind gefürchtet haben und wovor Sie sich vielleicht immer noch fürchten. Führen Sie bestimmte Rituale gemeinsam mit Ihrem Kind ein, denn sie geben Sicherheit und Vertrauen. Machen sich die Ängste wieder bemerkbar, können Sie Ihrem Kind vorlesen und es dadurch ablenken oder singen Sie gemeinsam ein Lied.

Ihnen fallen sicherlich noch weitere Möglichkeiten ein. Machen Sie Ihrem Kind den Vorschlag, dass es sich bei aufkommender Angst sein Lieblingskuscheltier als Beschützer nimmt. Dies ist zum Beispiel hilfreich, wenn es die ersten Tage allein im Kindergarten verbringen muss.

Aktiv werden gegen Kinderängste

Eine Beklemmung lässt sich besser ertragen, wenn man das Gefühl hat, dass man selbst etwas dagegen unternehmen kann. Das geht nicht nur Erwachsenen so, sondern auch Kindern. Es ist zwar gut, wenn Eltern ihrem Kind beistehen, aber helfen Sie Ihrem Kind dabei zu überlegen, was es zu seinem Schutz beitragen kann. Fragen Sie, was dem Kind helfen würde, die bedrohliche Situation leichter zu überstehen. Fantasievolle Maßnahmen, wie beispielsweise eine Taschenlampe, durch deren Lichtstrahl die Geister und Monster unter dem Bett „aufgelöst" werden oder ein Anti-Monsterspray, vertreiben die Angst. Eine weitere, gute Möglichkeit ist es, sein Kind das malen zu lassen, was ihm Angst bereitet. Wichtig ist, dass Sie im Gespräch mit Ihren Kindern bleiben, um herauszufinden, wie Sie die Ängste gemeinsam bekämpfen können.

Grenzen setzen

„Nein" zu sagen und seinem Kind Grenzen zu setzen, gehört zu den schwierigen Seiten des Elterndaseins. Man braucht Standfestigkeit und Klarheit und es gehört dazu, die eigenen Grenzen zu kennen und anzunehmen. Beleuchtet man einmal die Geschichte der Pädagogik, wird man bemerken, dass jede Erziehungsform ihren ganz eigenen Berührungspunkt mit dem Thema „Grenzen setzen" hat.

Die autoritäre Erziehung

Das Erziehungsziel des autoritären Stils ist Gehorsamkeit. Die Eltern-Kind-Beziehung ist hierarchisch. Das, was die Eltern wollen, hat zu erfolgen, ohne Wenn und Aber, man arbeitet mit Strafen und Belohnung. Kinder, die so erzogen werden, sind oft ängstlich und angepasst. Dafür werden sie in der Pubertät oftmals zu Rebellen oder aber sie ducken sich ein Leben lang vor starken Persönlichkeiten und herausfordernden Situationen. Ihre kindliche Welt wurde beharrlich in „Schwarz/Weiß", „Gut/Böse" und „Richtig/Falsch" unterteilt. Sie haben nichts anderes kennengelernt und noch im Erwachsenenalter können sie nicht davon ablassen, nach Autorität zu suchen.

Die antiautoritäre Erziehung

Bei diesem Erziehungsstil geht es darum, dass die Kinder sich individuell entwickeln. Bekanntheit erlangte diese Art der Erziehung in den 1960er Jahren. Die Kinder konnten sich alles herausnehmen, was sie wollten, und sollten sich frei und ungezwungen entwickeln können. Kein Wunsch blieb einem Kind verwehrt – jedenfalls in den meisten Fällen.

Auf den ersten Blick erscheint diese Erziehungsmethode für das Kind sehr angenehm. Doch das stimmt nicht ganz, denn Kinder, die ohne Grenzen aufgezogen wurden, suchen diese in ihrem späteren Leben. Gerade in der Pubertät kann das gefährlich werden.

Die Mischung macht's

Kinder brauchen Eltern, die führen und ihnen zeigen, wie sie mit Gesellschaftsnormen und Werten in der Familie umgehen sollen. Beide Erziehungsmethoden wurden und werden heute meist nicht mehr ganz konsequent in ihren „strengen“ Formen ausgelebt. Meistens vermischen sich die beiden Stile miteinander. In der Eltern-Kind-Beziehung gibt es kooperative, partnerschaftliche oder autoritative Elemente, die sich irgendwo in der Mitte der beiden oben genannten Stile einpendeln.

Der Umgang der Eltern mit ihrem Kind sollte auf gegenseitigem Respekt beruhen. Nicht gut ist es, wenn ein Kind als gleichwertiger „Partner“ behandelt wird. Dadurch entstehen oft Missverständnisse und Überforderungen für das Kind, denn es ist eben nicht mit den gleichen Rechten ausgestattet wie ein erwachsener Partner. Die Eltern haben wesentlich mehr Lebenserfahrungen, auf die sie zurückgreifen können. Es liegt bei ihnen, welche Verantwortung und Rechte sie ihrem Kind einräumen.

Es gibt viele Mütter und Väter, die sich davor fürchten, dass ihr Kind sie nicht mehr liebt, wenn sie seine Wünsche nicht erfüllen. Doch gerade die Verwehrung von materiellen Wünschen verkraften die Kinder besser als mancher Erwachsene denkt. Ab einem Alter von zwei Jahren lernen die Kleinkinder langsam, dass sich nicht jeder ihrer Wünsche sofort erfüllt und sie auf die Bedürfnisse ihrer Mitmenschen Rücksicht nehmen müssen. Grenzen und Regeln sollten immer eingebettet sein in einen liebevollen Umgang und verantwortliches Handeln der Eltern.

Einfach mal machen lassen?

Eltern müssen sich immer wieder entscheiden zwischen „Das Kind machen lassen“ und „Einschreiten“. Auf der einen Seite sollen sich die Kinder autark entwickeln und glücklich sein, auf der anderen Seite dürfen sie nicht machen, was sie wollen.

Es gibt Belehrungen, die sinnvoll sind. Bringt ein Kind sich selbst und andere in Gefahr, dann müssen wir einschreiten, das ist keine Frage. Wichtig ist: Jede Maßregelung, jedes Verbot sollte im Verhältnis zur Situation stehen, angemessen sein, nachvollziehbar und gewaltfrei. Ist ein Kind im zehnten Stock an der Balkonbrüstung herumgeklettert, dann darf es zum Beispiel nicht mehr allein auf den Balkon. Ihm zur Strafe den Lieblingsteddy wegzunehmen wäre unpassend und fürs Kind nicht nachvollziehbar.

Fragen Sie nach dem „Warum" und überlegen Sie gemeinsam mit Ihrem Kind, wie Sie etwas ändern können. Vielleicht war es zu lang drinnen und muss sich auf dem Spielplatz austoben? Wenn Sie das Bedürfnis hinter dem Verhalten des Kindes verstanden haben, könnten Sie dem Kind entgegenkommen, bevor Sie in eine schwierige Situation geraten. Behalten Sie dabei Ihre eigenen Bedürfnisse im Blick und finden Sie Kompromisse.

Fehlverhalten wird oft durch explosive Impulse gesteuert, die dem Kind im Nachhinein leidtun. Geben Sie Ihrem Kind die Chance, etwas wiedergutzumachen. Wichtig ist, die Wiedergutmachung an das Verhalten zu koppeln und nicht davon losgelöst zu definieren. Kinder sind sehr kreativ und Ihr Nachwuchs lernt so, mit den Folgen seines Fehlverhaltens umzugehen.

Prinzipiell sollen Kinder, die noch keine drei Jahre alt sind, nicht bestraft werden. Sie sind noch zu klein, um etwas aus dem eigenen (Fehl-)Verhalten zu lernen. Erst im Alter von vier oder fünf Jahren sind sie fähig zu verstehen, wofür sie gemaßregelt wurden, und können ihr Benehmen anpassen.

Damit eine Zurechtweisung ihre Wirkung entfalten kann, sollte sie nur dann eingesetzt werden, wenn Ihr Kind tatsächlich eine Regel gebrochen hat oder sich andere Lösungsansätze nicht ergeben haben. Was Sie auf keinen Fall bestrafen dürfen, sind Versehen, Missgeschicke oder Unfälle, die Ihrem Kind passieren. Statt einer Bestrafung sollten Sie lieber mit dem Kind sprechen und der Ursache auf den Grund gehen.

Ihr Kind muss wissen, was es darf und was es nicht darf. Sie als Eltern müssen Ihrem Sprössling erklären, welche Folgen es hat, wenn es sich nicht an die Regeln hält. Sobald eine gebrochen wird, erinnern Sie Ihr Kind an bestehende Regeln. Oder Sie erstellen gemeinsam einen Maßnahmenkatalog, auf den bei Verletzungen zurückgegriffen wird. So weiß das Kind genau, was passiert, wenn es sich nicht an die Vorgaben hält.

Hat ein Kind sich einen Fauxpas geleistet, ihn dann aber wieder nach seinen Möglichkeiten gutgemacht, ist es Zeit, dass sich Eltern und Kind wieder miteinander vertragen. Es ist definitiv davon abzuraten, seinem Kind das Fehlverhalten ständig vor Augen zu führen. „Nachtragen" ist fehl am Platz und führt zu Schuldgefühlen.

Es gibt nichts Schöneres als eine ehrliche Versöhnung: „Ich bin heute ausgerastet, weil du deine Sachen für das Training nicht bereit hattest. Ich habe über meine Reaktion nachgedacht und kam zum Schluss, dass ich einfach nicht ganz bei mir war. Du denkst an so vieles und bist unglaublich selbständig. Jetzt hast du die Jacke vergessen und ich schreie dich an. Es tut mir leid! Sollen wir zusammen eine Lösung suchen, damit das in Zukunft einfacher organisiert werden kann? Möchtest du dir mit mir zusammen eine Checkliste überlegen, die dir das Vorbereiten auf das Training erleichtert?"

Bestärken Sie Ihr Kind so früh wie möglich darin, seine eigenen Gefühle auf seine Art auszudrücken und über sie zu reden. Dadurch lernt es, leichter mit Emotionen umzugehen und in der weiteren Entwicklung Frust bringende Situationen auszuhalten, ohne dass es einen Wutanfall bekommt oder aufgibt. Das ist es, was es in seinem zukünftigen Leben weiterbringt.

Gewaltfreie Kommunikation

Oft gehen Eltern so lange auf ihre Kinder ein, bis sie merken, dass sie ihre eigenen Bedürfnisse aus den Augen verloren haben. Das soll nicht sein! Doch wie verhindert man, dass sich Unmut und ungeklärte Situationen anstauen?

Gewaltfreie Kommunikation ist eine sachbezogene und leicht erlernbare Kommunikationstechnik, welche die eigene innere Haltung mit denen anderer Personen abgleicht. Anhand dieses Verfahrens formuliert man seine Aussagen ehrlich und klar verständlich. Für Kinder ist diese Vorgehensweise ideal. Sie wissen genau, wie sich die Eltern fühlen und was von ihnen selbst erwartet wird.

In einer funktionierenden Kommunikation sollte immer klargestellt werden, dass die Gefühle des Gegenübers verstanden wurden und die eigenen Gefühle ebenfalls beachtet werden müssen.

Wie finden wir einen Kompromiss, der die Wünsche von allen Familienmitgliedern einbezieht? Das funktioniert vor allem dann gut, wenn eine Familie es schafft, mit Einfühlungsvermögen und einer urteilsfreien Sprache untereinander eine „Beziehung“ einzugehen. Diese Möglichkeit gibt die Methode der gewaltfreien Kommunikation her. Jeder kann sie lernen und die Sprachtechnik verbessert sich von Mal zu Mal.

Verbale „Ausraster“, die unseren Kindern schaden:

- Anschreien
- Drohgebärden und Beleidigungen
- Entwürdigung
- Demütigung und Bloßstellung vor anderen
- Einschüchterung und Entmutigung
- Angst einflößen

- häufige Maßregelungen
- Verleugnen von Gefühlen
- Banalisieren von Situationen
- Zuweisung von Schuld
- Scherze, die das Kind verletzen

Wenn Sprache wehtut

Wir müssen uns als Eltern bewusstmachen, welche verbalen „Ausraster" unseren Kindern schaden. Das kann ein wichtiger Lernprozess sein, der auch hilfreich ist für unseren Umgang mit anderen Erwachsenen. Kinder verstehen keine zynischen und ironischen Bemerkungen, aber sie spüren den Angriff auf ihren Selbstwert und formulieren eigene prägende Glaubenssätze, die ihnen helfen, damit umzugehen.

Einem Großteil der Eltern rutscht ab und zu mal ein drohendes Wort heraus oder die Stimme erhebt sich, wenn das Kind partout nicht hören will. Kinder sind nun mal kleine Individuen, die einen eigenen Willen haben und bei weitem nicht immer so handeln, wie sich das die Eltern wünschen. Trotz aller Bemühungen flammt gerade in konfliktreichen Situationen unser eigenes kindliches Verhaltensmuster wieder auf. Eltern versuchen so, Kontrolle über die Lage wiederzuerlangen, aber sind sich nicht im Klaren darüber, welche verletzende Macht ihre Worte haben und was sie bei Kindern auslösen.

Ziele der gewaltfreien Kommunikation

Eine gute Beziehung basiert auf Ehrlichkeit und gegenseitiger Achtung. In der gewaltfreien Kommunikation geht es darum, den Kindern deutlich mitzuteilen, was man als Eltern von ihnen erwartet. Der Fokus liegt auf einer liebevollen Herangehensweise und achtsamem Miteinander und ist erfolgreicher als Schimpfen. Und: Alle Beteiligten fühlen sich gut.

Formulieren Sie für Ihr Kind, was Sie brauchen, sich wünschen und lassen daraus eine Bitte entstehen. Wenn Sie respektvoll mit Ihrem Kind sprechen, ist nicht die oberste Priorität, dass es sofort auf Sie hört. Zunächst geht es darum, in eine Beziehung miteinander zu gehen. Wenn Sie und Ihr Kind sich miteinander verbunden fühlen, wird schneller eine Lösung gefunden oder es werden kreative Vorschläge gemacht, bei denen beide Bedürfnisse auf einen Nenner gebracht werden. Dabei wird es bestimmt auch mal vorkommen, dass Sie Ihre Wünsche denen Ihres Kindes unterordnen. In der respektvollen Kommunikation wird bei Meinungsverschiedenheiten ruhig eine Lösung gefunden. Als Eltern haben Sie so die Möglichkeit, die Gefühle Ihres Kindes in aller Ruhe zu deuten und Sie geben ihm die sprachlichen Ansätze an die Hand, um selbst seine Bedürfnisse und Gefühle auszuloten.

Nicht über jeden Wunsch verhandeln

Bei der achtsamen Unterredung muss man nicht unbedingt jeden Wunsch aushandeln oder endlos mit einem zweijährigen Kind diskutieren, warum sein Anliegen keine Berücksichtigung findet. Kommunizieren Sie klar und deutlich, mit Respekt und ohne Beschuldigungen, denn es gibt viele Dinge, die nicht verhandelbar sind. Darüber, ob Ihr Kind am Herd spielen möchte, brauchen Sie nicht zu diskutieren. Es ist gefährlich und geht nicht. Fertig! Bringen Sie Ihrem Sprössling bei, dass es innerhalb der Familie Regeln und Grundsätze gibt, die einzuhalten sind – und die er aushalten muss.

Geben Sie nicht gleich auf, nur weil die Konzepte der gewaltfreien Kommunikation Ihnen zu kompliziert vorkommen. Machen Sie sich damit vertraut und beginnen Sie lieber Schritt für Schritt. Suchen Sie sich Teilbereiche heraus, mit denen Sie beginnen möchten, und probieren Sie es aus. Machen Sie erste Erfahrungen und gehen Sie dann den nächsten Schritt. Beobachten Sie genau den Gesprächsverlauf. Was haben Sie anders gemacht? Was ist anders gelaufen als erwartet?

Dabei lernt man viel, auch über sich selbst. Wenn Sie sich beispielsweise fragen, was eigentlich Ihr Bedürfnis ist, verstehen Sie, warum Sie sich in bestimmten Situationen unbehaglich fühlen. Der respektvolle Austausch hilft Ihnen und Ihrem Kind, Wünsche und Gefühle auszudrücken. Das wiederum tut der Partnerschaft, dem Freundeskreis und Ihrem gesamten Umfeld gut. Wenn Kleinkinder miterleben dürfen, dass die Eltern einen fairen Umgang miteinander pflegen und füreinander einstehen, prägt das ihr ganzes Leben. Sie werden diese Haltung aufnehmen und davon profitieren.

Keine Frage, Aufregung und Wut gehören zum Leben dazu. Solche Gefühle sollten Sie sich auch selbst zugestehen, achten Sie aber darauf, dass Sie sich vor Ihrem Kind unter Kontrolle halten und so sprechen, dass die Beziehung zu Ihrem Kind keinen Schaden nimmt. Das Lösen von negativen Glaubenssätzen und Gewohnheiten aus der eigenen Kindheit braucht Zeit und Geduld. Sagen Sie sich immer wieder, dass das Familienleben nie linear verläuft und oft chaotisch ist. Sie leisten wunderbaren Einsatz und ihr Kind wird das fühlen. Allein schon, dass Sie dieses Buch lesen, zeigt ihr großes Engagement und die Liebe zu Ihrem Kind.

Wenn man lernt, respektvoll miteinander zu kommunizieren, kann so manche Konfliktsituation besser gelöst werden. Mithilfe einer anerkennenden Sprache erkennt man die Bedürfnisse seiner Mitmenschen und geht Kompromisse ein – die Basis für eine vertrauensvolle Beziehung. Doch wie gelingt eine gewaltfreie und wertschätzende Unterhaltung mit einem Kind und warum ist sie so wichtig?

Giraffensprache oder Wolfssprache?

Kinder können die Art und Weise einer gewaltfreien Kommunikation nur schwer begreifen. Daher wird ihnen diese Art der Unterhaltung als „Giraffensprache" nähergebracht. Giraffen sind Tiere, die ein riesengroßes Herz haben. Mit ihrem langen Hals behalten sie den Überblick über ein Geschehen und können es mit dem richtigen Abstand betrachten. Sie hören auf ihr Herz, um die Gefühlsregungen wahrzunehmen: Ist da Angst, Freude oder Eifersucht? So lernen sie mehr über ihre Empfindungen.

Der Wolf ist der Widersacher der Giraffe. Seine Sprache ist eher aggressiv und gewaltsam, urteilend und gewaltbereit. Wie ein Wolf wollen wir nicht miteinander sprechen.

Schimpfen schadet

Stressige Alltagssituationen kennt jeder und wenn man unter Druck steht, kann es vorkommen, dass man laut wird oder ein böses Wort über die Lippen kommt. So etwas passiert, das ist ganz normal. Nehmen Sie sich die Zeit, danach ruhig mit den Kindern über das Vorgefallene zu sprechen. Kinder verstehen es, wenn man ihnen sagt, dass ein stressiger Tag hinter einem liegt oder man einfach müde ist.

Wenn zu häufig geschimpft wird, sollten Eltern zunächst sich selbst hinterfragen. Haben sie die Anforderungen an ihr Kind zu hoch gestellt? Sind sie wirklich fair gegenüber ihren Kindern? Die meisten Kleinkinder sind nicht dazu fähig, das Kinderzimmer so aufzuräumen und in Ordnung zu halten, wie sich die Eltern das vorstellen. Sie toben lieber im Wohnzimmer herum, weil dort mehr Platz ist, und machen dort zusätzlich Unordnung.

Wenn mir Ordnung wichtig ist, kann ich das dem Kind authentisch vermitteln. Vielleicht ist dem anderen Elternteil Ordnung nicht so wichtig, aber dafür ein anderer Wert, der unbedingt eingehalten werden sollte. Kinder können damit sehr gut umgehen.

Familienleben ist anstrengend! Kleinkinder brauchen ständig Hilfe und Aufsicht. Zurück bekommen Eltern dafür bedingungslose Liebe, Nähe und Vertrauen. Doch durch dauernde Ermahnungen kann diese intime Verbindung empfindlich gestört werden. In späteren Jahren, wenn die Pubertät beginnt, bekommen die Eltern dann oft zu spüren, dass ihre bis dahin innige Beziehung leichte Risse bekommen hat durch die Schimpfereien und Strafmaßnahmen in der Kindheit. Sie werden vielleicht nicht mehr am ganzen Leben teilhaben und der Teenager lebt in seiner eigenen Welt. Der Einfluss der Eltern geht verloren.

Dabei ist es durchaus möglich, Kinder ohne Schimpfen zu begleiten. Dafür braucht es Klarheit und ganz viel Organisation. Wenn wir als Eltern trotzdem schimpfen, müssen wir folgendes im Nachhinein reflektieren: Habe ich mein Anliegen klar kommuniziert und konnte ich die Rahmenbedingungen optimal organisieren? Aber vor allem: Bleiben Sie gelassen! Die Kinderjahre gehen so schnell vorbei und Kindern bleibt vor allem in Erinnerung, wie sie sich im Zusammenleben mit ihren Eltern gefühlt haben. Haben sie sich gut aufgehoben gefühlt? War das Elternhaus ein sicherer Ort? Dann nehmen sie dieses wichtige Gefühl mit in ihr Erwachsenenleben.

Mit Stress umgehen

Wenn die Vorlieben und Wünsche der Kinder keinen Anklang bei den Eltern finden, werden sie unweigerlich mit ihren eigenen Gefühlen konfrontiert. Sie erkennen, dass ihre Wünsche nicht mit denen ihrer Bezugspersonen übereinstimmen und dass sie diese nicht erfüllt bekommen. Wut, Enttäuschung, Angst oder Trauer sind die Folge. Mit der liebevollen Unterstützung ihrer Eltern können sie lernen, ihre Gefühle zu verstehen und zu regulieren.

Auch der Umgang mit Stress kann gelernt werden. Eine gesunde Dosis an Stress kann Kindern helfen, sich vorwärtszubewegen und Resilienz zu entwickeln. Wichtig ist, dass Stresssituationen nicht überstrapaziert werden und Kinder verinnerlichen, dass sie mit Stress am besten umgehen, wenn sie Bewältigungs- und Entspannungsstrategien bewusst einsetzen.

Erleben Babys bis zum Alter von drei Monaten unliebsame Reize, drehen sie sich von diesen weg. Um sich selbst zu beruhigen, lutschen sie am Daumen oder am Schnuller, bei stärkerem Stress müssen die Eltern ihr Kind durch körperlichen Kontakt beruhigen. Eltern, die sich gut auf die Reaktionen von Kindern einlassen können, lernen in dieser Phase die Persönlichkeit ihrer Kinder kennen.

Im Alter von drei bis neun Monaten sind die Kinder dazu fähig, sich daran zu erinnern, was sie in der Vergangenheit besänftigt hat. Sie werden ruhiger und entspannter, ehe der Reiz sie berührt, da sie bereits erahnen, wie das Ergebnis ausfallen wird. Das Wichtigste in dieser Phase ist, Kindern Sicherheit und Geborgenheit zu vermitteln. Ihre Bewältigungsstrategien sind schwach und sie brauchen Unterstützung, diese zu entwickeln.

Die ersten vier Lebensjahre sind die wichtigste Zeit für das Erlernen von Stressregulation. Die „primäre Bewertung" setzt voraus, dass eine stressauslösende Situation auch als solche erkannt wird. In diesem Stadium benutzen Kinder gerne eigene „Übergangsobjekte" wie zum Beispiel ein Kuscheltier oder die Lieblingsdecke, um mit dem Stress fertig zu werden. Die Wutausbrüche erreichen zwischen dem zweiten und dritten Jahr ihren Höhepunkt. Mit Schrei- oder Weinkrämpfen lösen die Kinder in dieser Phase die durch Stress entstandene Situation auf. Manche Eltern lassen ihre Kinder dann allein, weil sie dem Kind beibringen wollen, selbst damit fertig zu werden. Das ist nicht richtig. Vor allem bei Kleinkindern ist eine feinfühlige Hilfe der Eltern nötig. Der Gedanke ist hilfreich, dass man selbst sich auch Unterstützung wünschen würde, wenn man wütend ist und mit einer Sache nicht zurechtkommt.

Mehr Spaß

Von Geburt an ahmen Kinder das Verhalten ihrer Eltern nach. In den ersten Jahren richtet sich ein Kind fast nur nach seinen Eltern, die ihnen Werte, Verhaltensweisen und Gewohnheiten vermitteln. Es erlernt so Verhaltensmuster und entwickelt Emotionen ohne gezielte erzieherische Maßnahmen oder Erklärungen der Eltern. Dieses „Vorleben" prägt maßgeblich den Charakter des Kindes und wird so lange übernommen, bis es seine eigenen Erfahrungen macht.

Die ersten sieben Jahre

In den ersten sieben Lebensjahren lernen die Kinder sehr viel. Durch das Nachahmen in dieser Zeit nehmen sie eine Menge auf – das ist für sie die beste Lernmöglichkeit. Sie nehmen die Mentalität der Eltern an, ebenso wie deren Verhältnis zu Natur und Umwelt. Erlebt ein Kind, dass die Eltern geduldig und respektvoll mit ihren Mitmenschen umgehen, wird es dieses Verhalten übernehmen. Gleiches gilt für Einstellungen hinsichtlich des Umweltschutzes, des sorgsamen Umgangs mit Dingen oder der Liebe zu Tieren. All dies lernt Ihr Kind vor allem von Ihnen. Daher ist es von Bedeutung, dass Sie Ihr Verhalten auch dahingehend überprüfen, ob es dem entspricht, was Sie Ihrem Kind mit auf den Weg geben möchten.

Die Entwicklung von Emotionen, Motorik und Koordination

Emotionen sind nicht angeboren. Die Ausbildung von Gefühlen ist ein Lernprozess anhand von eigenen Erlebnissen und dem Verhalten der Eltern. Abgesehen davon lernt ein Kind durch Ihr Vorbild, seine Gefühle einzuordnen.

Geben Sie Ihrer eigenen Wut keinen Raum, sondern drücken Sie Ihre Empfindungen durch Worte aus. Verdeutlichen Sie Ihrem Kind, dass Sie sich Sorgen gemacht haben, dass Sie traurig und enttäuscht waren oder Angst hatten, weil es sich in eine bestimmte Lage gebracht hat. Dadurch, dass Sie Ihre Gefühle in Worte fassen, kann Ihr Kind Sie einschätzen und mit der Zeit wird es auch seine eigenen Gefühle aussprechen können.

Wir wünschen unseren Kindern eine dynamische Denkweise, die ihnen ermöglicht an Veränderungs- und Verbesserungsprozesse zu glauben. Es spielt eine große Rolle, ob wir diese Denkweise unseren Kindern vorleben. Wenn Eltern vor ihren Kindern Aussagen von sich geben wie „Ich lerne das nie!“ oder „Das ist viel zu schwierig“, dann senden sie Signale, die den Glauben an die eigene Entwicklung bei den Kindern hemmen können. Es ist hingegen viel besser, über die eigenen Fehler und Misserfolge zu berichten und zu erzählen, wie man damit umgegangen ist. Zum Beispiel können Eltern sagen: „Diese Entscheidung, die ich heute gefällt habe, gefällt mir gar nicht. Nächstes Mal muss ich viel besser darüber nachdenken und alle Vor- und Nachteile überprüfen."

Nutzen Sie Entspannungsübungen, wenn Sie wütend auf Ihr Kind sind!

Wenn Sie wieder einmal das Gefühl haben, dass Ihnen alles über den Kopf wächst, dann nehmen Sie sich Zeit für eine Entspannungstechnik Ihrer Wahl. Die kleine Auszeit wird Wunder bewirken. Gehen Sie in einen Raum, in dem Sie nur für sich sind. Schließen Sie die Augen und begeben Sie sich auf eine Reise an einen Ort, den Sie mit Ruhe und Gelassenheit verbinden. Holen Sie Erinnerungen hervor, wie Sie beispielsweise barfuß am Meer entlanglaufen, dem Klang des Meeres lauschen und spüren, wie wundervoll sich der Sand unter Ihren Füßen anfühlt. Lächeln Sie und seien Sie für eine kurze Zeit genau dort, wo Sie völlig im Gleichgewicht sind.

Wie sah Ihr letzter freier Nachmittag aus, an dem Sie ausgeglichen und entspannt waren? Schon allein die Erinnerung an diese Zeit hilft Ihnen dabei, negative Emotionen zu verdrängen und Sie werden spüren, wie Sie innerlich ruhiger werden. Kehren Sie dann wieder zu Ihrem tobenden Kind zurück und blicken Sie mit einer Portion Gelassenheit auf das Geschehen.

Eine andere gute Technik ist es, den Stress „wegzuatmen": Halten Sie Ihr rechtes Nasenloch zu und atmen Sie durch das linke Nasenloch tief ein. Halten Sie dann das linke Nasenloch zu, zählen Sie auf zwei und lassen Sie dann durch das rechte Nasenloch die Luft wieder heraus.
Wiederholen Sie es umgekehrt: das linke Nasenloch zuhalten und mit dem rechten einatmen. Dadurch geraten Sauerstoff und Kohlendioxid im Körper wieder in Balance und Sie fühlen sich schnell wieder besser.

Klare Regeln

Klare Regeln helfen besser als zu viele Strafen. Oft werden Strafen zudem nicht konsequent umgesetzt und das Kind lernt nicht, wie es sich richtig zu verhalten hat. Strafen bewirken oft, dass die Kinder sich unfair behandelt fühlen, aggressiv werden oder sich zurückziehen. Die Frage, die sich stellt, lautet dann: „Wieso wurde ich bestraft?" Was es jedoch eigentlich lernen sollte, hinterfragt es nicht.

Fehlt dieser Lernprozess, wird es nicht unbedingt verstehen, warum es andere Kinder nicht beleidigen soll und warum die sich zurückziehen oder gekränkt sind. Es wird sein Verhalten wahrscheinlich nicht ändern, manchmal wird es sogar schlimmer.

Zu viele Maßregelungen haben oft mit einem wachsenden Kontrollverlust der Eltern zu tun. Sie können bei Kindern Verbitterung und Wut auslösen. Möglicherweise wollen die Kinder es den Personen heimzahlen, die ihnen das angetan haben. Im Teenageralter greifen die Ermahnungen dann nicht mehr und verlieren so ihre Kraft. Basierte die elterliche Macht bislang auf Bestrafungen, entsteht spätestens jetzt ein Problem, denn eines der Grundbedürfnisse des Menschen ist Zugehörigkeit. Durch Strafen allerdings erleben Kinder Distanz, die zu weiteren Verhaltens- und Lernschwierigkeiten führt.

Körperliche Bestrafungen, Ohrfeigen oder Schläge auf das Hinterteil sind heute zum Glück verboten. Kinder, die häufig geschlagen werden, werden aggressiv und entwickeln psychische Störungen. Aber auch verbale Strafen oder Bestrafungen durch Verbote und Auszeiten können seelisches Leiden verursachen bis hin zu Verhaltensauffälligkeiten und tiefem Misstrauen gegenüber ihren Mitmenschen. Eine selbstbewusste Persönlichkeit kann so nicht entstehen.

Erziehung ohne Bestrafung – ist das möglich?

Ja, wenn die Eltern sich die Zeit nehmen zu verstehen, was in ihren Kindern vorgeht und wie diese sich gerade fühlen. Ist das Kind traurig, aufgebracht oder niedergeschlagen, ist es kaum aufgeschlossen gegenüber Zurechtweisung oder Bitten, sich anders zu verhalten? Bei schlechtem Benehmen sollten Eltern unbedingt versuchen, den Auslöser herauszufinden. Ist das Kind so aggressiv und wirft mit Sachen, weil es Streit mit einem Freund hatte und eigentlich traurig ist? Schaffen Sie einen Raum und genug Zeit, damit Ihr Kind sich sicher und aufgehoben fühlt. Dann wird es auch erzählen, was ihm zu schaffen macht. Dafür braucht es Geduld und Einfühlungsvermögen!

Werden stattdessen impulsiv Strafen ausgesprochen, wird sich das Kind zurückziehen und die Chance auf ein klärendes Gespräch ist vertan. Klar ist auch: Eltern, die ihre eigenen Gefühle nicht regulieren können, werden mehr Schwierigkeiten haben, bei Verhaltensauffälligkeiten ruhig zu reagieren. Wenn in der Ursprungsfamilie oft gestraft wurde, entpuppt sich das später oft als „Default“-Reaktion, wenn starke Gefühle im Spiel sind. In einem solchen Fall ist es außerordentlich wichtig, Bewältigungsstrategien einzuüben.

Bei allem Einfühlungsvermögen: Wenn Kinder sich ständig weigern, gewisse Aufgaben zu erledigen, müssen sie ihre eigenen Erfahrungen sammeln und lernen, was es bedeutet, Konsequenzen zu tragen. Kleine Kinder haben oftmals ihre trotzigen Phasen genau dann, wenn ein Elternteil wenig Zeit hat. Erklären Sie Ihrem Kind in Ruhe, dass die gemeinsame Spielzeit ausfällt, wenn es sich jetzt nicht beeilt. Meistens helfen so kleine Sätze schon aus, um dem Trotz ein Ende zu bereiten. Suchen Sie nach einem Mittelweg und Bestrafungen werden überflüssig. Wird ein Kind respektvoll erzogen, können zusammen mit ihm Probleme beseitigt werden.

Aufrechte und direkte Worte haben mehr Kraft, da sich das Kind respektiert fühlt und die Ansicht seiner Eltern an Bedeutung gewinnt. Ein respektvoller Umgang und ernst genommen zu werden bedeutet Kindern sehr viel.

„Auszeiten“ oder den „Stillen Stuhl“ erfahren Kinder als Isolation. Diese aufgezwungene Abtrennung besteht solange, bis das Kind sich wieder „normal“ verhält. Doch eine solche soziale Absonderung ist für Kleinkinder eine harte Strafe, die eher Angst, Wut, Verunsicherung und Schamgefühl generiert, als dass sie zum Nachdenken anregt und Rücksichtnahme auf andere Kinder vermittelt.

Konsequenzen zeigen

Fehlverhalten muss korrigiert werden, das ist keine Frage. Wenn ein Kind auf dem Spielplatz mit Sand wirft, muss es damit aufhören. Man erklärt ihm, warum das nicht geht und dass das Spielen auf dem Spielplatz für heute erledigt ist, falls es weitermacht. Wenn das Kind wirklich weitermacht, seien Sie unbedingt konsequent! Bleiben Sie ruhig, packen Sie zusammen und gehen mit Ihrem Kind nach Hause.

Bedenken Sie auch: Die Kinder schauen sich das Verhalten anderer Menschen genau an und lernen daraus. Hat ein anderes Kind vielleicht auch mit Sand geworfen, ohne dass die Eltern eingegriffen haben?

Konsequenzen, die von den Eltern oder anderen Erziehungsberechtigten eingehalten werden, beeindrucken Kinder und sie können damit umgehen. Räumt das Kind zum Beispiel sein Zimmer nicht auf, wird ihm die Lieblingspuppe oder das Lieblingsauto abgenommen. Ist es quengelig, kann es in seinem Zimmer darüber nachdenken, warum es immer nur meckert. Noch besser ist es, die Auszeit im Zimmer zusammen mit dem Kind zu verbringen. Ob mit Körperkontakt oder nur Präsenz, es tut dem Kind gut zu wissen, dass es mit seinen starken Gefühlen nicht allein gelassen wird.

Grenzen setzen – so wichtig!

Jeder Mensch und jedes Kind handelt nach seinen eigenen Bedürfnissen. Vor allem in den ersten Lebensmonaten müssen die Grundbedürfnisse nach Zuneigung, Nahrung, Schutz und Geborgenheit befriedigt werden, damit die Babys sich sicher fühlen und eine Vertrauensbasis zu ihren Eltern und anderen Personen aufbauen können. Zuverlässig und in vollem Umfang! Nur dann kann sich ein Kind gut entwickeln.

Erst mit zunehmendem Alter lernen Kleinkinder, dass auch die Personen in ihrem Umfeld Wünsche haben. Sie können das aber nur lernen, wenn diese Wünsche regelmäßig und klar kommuniziert werden. Ferner müssen sie lernen, ihre eigenen Forderungen auch mal hintanzustellen. Aber dafür müssen sie die Wünsche der Eltern oder Geschwister erst einmal wahrnehmen und auch deren Grenzen respektieren lernen. Ein mitunter langer und schwieriger Weg.

Damit Kinder die Wünsche von sich selbst und von anderen verstehen können und lernen, damit umzugehen, ist das Setzen von Grenzen und das Lernen von Bedürfnisaufschub wichtig.

Warum ist das so?

Kinder sind noch nicht dazu fähig, das Ausmaß ihres Handelns immer richtig einzuschätzen. Grenzen bedeuten auch Schutz. Werden keine Grenzen gesetzt, können Kinder sich selbst gefährden oder auch ihre Mitmenschen.

Grenzen geben Halt und Sicherheit. Wenn Eltern die Grenzen im richtigen Rahmen gesetzt haben, können Kinder sich auf ihre Eltern verlassen.

Grenzen geben dem Alltag Struktur und sind eine große Hilfe für ein geordnetes Zusammenleben.

Grenzen zeigen Kindern ihren Handlungsrahmen auf. Dadurch erfahren sie eine Orientierung in ihrem Leben. Eltern sollten Kindern klarmachen, was für sie akzeptabel ist und was nicht. Das sind Grenzen, die Kinder schnell erkennen und verstehen können. Je älter Kinder werden, desto mehr können sie Verantwortung begreifen und ihre Eltern dürfen ihnen mehr zutrauen. Sie lernen, die Umwelt bewusster zu verstehen, und nehmen immer mehr wahr. Je mehr Erfahrungen sie machen, desto selbstständiger werden sie.

Durch das Setzen von Grenzen übernehmen Eltern Verantwortung für ihre Kinder. Sie passen die Grenzen dem Alter ihrer Kinder an. Für die nächsten Entwicklungsschritte und Lernprozesse ist es bedeutsam, dass die eigenen Maßnahmen immer wieder mit den Fähigkeiten der Kinder abgeglichen werden. Denn so wichtig die Grenzen auch sind, Sie sollten den Kindern unbedingt genug (durch Grenzen geschützten) Raum für eigene Erfahrungen geben! Niemand kann etwas lernen, wenn man keine Erfahrungen mit Fehlern oder positiven Rückmeldungen macht oder sich nicht ausprobieren darf.

Eltern, die Erfahrung in der Kindererziehung haben, wissen, dass jedes Kind eine andere Erziehung und andere Grenzen benötigt und unterschiedlich auf die Bedürfnisse und Autorität der Eltern eingehen kann. Jedes Kind hat seinen eigenen Rhythmus beim Lernen und Verstehen und hat unterschiedliche Ziele. Daher ist es nicht ratsam, in einer Familie mit zwei oder drei Kindern immer allen die gleichen Grenzen zu setzen. Bei Geschwisterkindern kann es schon mal vorkommen, dass das eine noch mehr beschützt werden muss und das andere die Grenzen aktiver austestet.

Fairness in der Familie wird von verschiedenen Familienmitgliedern unterschiedlich verstanden. Man kann es den Kindern so vermitteln, dass die Bedürfnisse der Kinder und der Eltern gleichgestellt sind, aber was ein Familienmitglied heute braucht, benötigt ein anderes an einem anderen Tag. Deshalb hat es keinen Sinn, alle Familienangehörigen an jedem Tag gleich zu behandeln.

Durchstehen und einen langen Atem haben

Kinder suchen und brauchen die Erfahrungen von Grenzen. Werden ihnen Grenzen aufgezeigt, werden sie auch mal einen Aufstand proben und alle Hebel in Bewegung setzen, um ihre Bedürfnisse und ihren Willen durchzusetzen. Sie wollen schlichtweg etwas anderes als das, was ihnen gesagt wurde.

Eltern sollten das auf keinen Fall persönlich nehmen und unbedingt der Wut und der Enttäuschung des Kindes standhalten. Sind die Eltern ihrem Kind gegenüber nicht standhaft genug, weil sie kein schlecht gelauntes Kind in ihrer Nähe haben wollen oder weil sie Angst haben, ihr Kind könnte sie nicht mehr lieben, geht die Glaubwürdigkeit in der Erziehung verloren.

Wenn Eltern dem Wunsch oder der Bitte des Kindes nicht nachgeben wollen, kann ein Perspektivenwechsel helfen. Sie haben es dann leichter, ihr wütendes und trotziges Kind zu verstehen und sind besser in der Lage, dem Kind zu erklären, warum es dennoch eine bestimmte Sache machen soll oder nicht machen darf. Wenn Ihnen dieser Schritt schwerfällt, können Sie daran denken, dass Sie Ihrem Kind ein Vorbild sind. Sie wünschen sich bestimmt für Ihr Kind die Fähigkeit, Perspektiven zu wechseln. Dies kann aber nur gelernt werden, wenn es von Bezugspersonen vorgelebt wird.

Für sich selbst Klarheit schaffen

Es ist wichtig, dass Sie ganz klar hinter Ihren gesetzten Grenzen und den Erziehungsmethoden stehen. Kinder haben ein Gespür dafür, wenn Sie unsicher werden, und ergreifen sofort die Chance, um auszutesten, wie weit sie gehen können. Ernsthafte Probleme bekommen Sie dann, wenn Sie aufgrund des nicht angemessenen Verhaltens Ihres Kindes von Ihrer eigenen Grenze abweichen. Das Kind lernt dann: Wenn ich mich genügend dagegen wehre, bekomme ich genau das, was ich will. Und das darf auf keinen Fall passieren.

Bemerken Sie eine Verunsicherung in sich selbst, dann überprüfen Sie ab und an die gesetzten Grenzen. Stehen Sie immer noch dahinter, können Sie sie auch mit Entschiedenheit und Standhaftigkeit vertreten. Überlegen Sie immer wieder, welche Prioritäten für Sie im Vordergrund stehen. Ist es die Beziehung oder die Erziehung? Ist es die Meinung des Umfeldes oder sind es die individuellen Bedürfnisse aller Familienmitglieder?

DIE ENTWICKLUNG DES EIGENEN WILLENS

Das zweite Lebensjahr

Im zweiten Lebensjahr sprudeln die ersten Worte heraus, die ersten Schritte werden gemacht und das Umfeld wird erkundet. Der Wille zum „Selbermachen“ reift heran. Mit Bauklötzchen, Wasser und Sand spielen – die Kleinkinder sammeln ihre ersten Erfahrungen, wobei diese oftmals einhergehen mit Wutausbrüchen, wenn sie etwas nicht zustande bringen. Gefühlsexplosionen sind Teil des Lernprozesses. Je mehr Kinder ihre Frustration ausleben dürfen, desto eher lernen sie, diese zu regulieren.

Kinder haben in dieser Zeit aber auch viele positive Erlebnisse. Sie lernen jeden Tag etwas Neues, wie zum Beispiel Laufen ohne hinzufallen in die Arme der Mutter oder die Treppe hinauf. Für Eltern bedeutet diese Zeit, dass sie viel Geduld aufbringen und viel Ruhe mitbringen müssen.

Die sprachliche Reifung

Zu den ersten Worten, die ein Kleinkind spricht, gehören „Mama“ oder „Papa“. Mit der Zeit kommen immer mehr Wörter und Silben hinzu. Der angewandte Wortschatz bei einem eineinhalbjährigen Kind umfasst zwischen 7 und 35 Wörter – abhängig von der kindlichen Veranlagung und der Förderung der Eltern. Die ersten Wörter werden noch recht undeutlich ausgesprochen. Je öfter das Kind sie wiederholt, desto sicherer wird es in der Aussprache. Sprechen Sie während dieser Zeit viel mit Ihrem Kind – auch über tägliche Ereignisse. Dadurch wird es animiert, die Worte nachzusprechen.

Eltern unterschätzen oft, wie wertvoll ein Spaziergang mit dem Kinderwagen ist. Dabei kann man über die Umgebung sprechen und Warum-Fragen der Kinder beantworten. Oder Sie sehen sich gemeinsam ein Bilderbuch an und benennen die unterschiedlichen Figuren oder Gegenstände. Die Verknüpfung von Wort und Bild macht es für das Kind leichter, die Begriffe zu erlernen. Ebenso lassen sich Spiele mit dem Lieblingskuscheltier oder einer Puppe gut einbeziehen, das fördert die sprachliche Entwicklung.

Es kommt natürlich vor, dass Ihr Kind Ihnen etwas sagen möchte und das noch nicht so gut funktioniert. Für das Kind ist es äußerst entmutigend und es beginnt zu weinen. Dann ist es wichtig, dass Sie versuchen herauszufinden, was es Ihnen mitteilen wollte. Ein Kind im zweiten Lebensjahr versteht viel mehr Wörter, als es artikulieren kann. Daher ist es auch in der Lage, einfache Aufgaben zu verstehen wie zum Beispiel: „Gib mir bitte den Apfel."

Ebenso entwickelt sich die Körpersprache bei Ihrem Kind. Es deutet mit seinen kleinen Fingern auf Gegenstände oder es streckt Ihnen die Ärmchen entgegen. Es bringt so zum Ausdruck, dass es auf den Arm genommen werden möchte. Ein Schütteln des Kopfes unterstreicht sein „Nein".

Durch Ihre Unterstützung erlernt Ihr Kind in den kommenden Monaten eine Menge weiterer Wörter und wird gegen Ende seines zweiten Lebensjahres schon Worte miteinander verbinden. Das bedeutet, dass kleinere Sätze formuliert werden können. Mit circa 18 Monaten ist die Mehrheit der Kinder fähig, sich selbst beim Namen zu nennen. Rollenspiele sind in diesem Alter von großer Bedeutung. Lassen Sie ihr Kind beim Spielen führen und versuchen Sie so gut es geht, auf Impulse zu reagieren.

Entwicklung der Motorik

Ähnlich wie beim Sprechen verhält es sich auch mit dem Laufen lernen: Es hängt vom Kind ab. Schon beim Robben haben manche Babys ein ganz schönes Tempo drauf. Zuerst zieht es sich an Stühlen oder Sofas hoch und bleibt dann auf seinen wackeligen Beinchen stehen. Die ersten Gehversuche macht es mit 15 Monaten. Ein Großteil der Kleinkinder kann mit 18 Monaten selbstständig und ziemlich sicher gehen.

Lassen Sie sich von diesen Zahlen nicht beirren. Es gibt Kinder, die später zu laufen beginnen und dann motorisch stärker werden als andere Kleinkinder, die viel früher mit der Fortbewegung begonnen haben. Beim Laufenlernen wird zu Beginn noch die Hand der Eltern zur Unterstützung nötig sein, doch durch ständiges Üben wird die Motorik immer weiter verbessert. Auch Ihr Kind wird die Erfahrung machen und bei den ersten Geh- und Rennversuchen sicherlich hinfallen. Stehen Sie ihm bei, indem Sie es trösten und gut zureden, dann werden auch die nächsten Laufversuche nicht lange auf sich warten lassen.

Soziale Entwicklung

Kinder mit zwei Jahren beginnen, sich allein zu beschäftigen, wenn eine Bezugsperson in ihrer Nähe ist. Der Wille, vieles selbst machen zu wollen, entsteht. Nicht immer gelingt ihnen das, zum Beispiel wenn sie den Brei allein essen wollen oder einen Trinkbecher halten möchten. Hier ist die Geduld der Eltern gefragt, die jeden Tag die Kleckereien beseitigen müssen. Sie werden später merken, dass die besten Fotos entstehen, wenn das Kind befleckt mit Spaghettisauce oder Breiklumpen in die Kamera lacht.

Da Kleinkinder eine Menge ausprobieren, kann es auch sein, dass sie sich vergeblich abmühen. Sie möchten die Socke allein anziehen, schaffen es aber nicht und brechen in ein wütendes Geschreie aus. Dies sind wichtige Entwicklungsschritte – das Kind möchte eigenständiger werden und ein Bewusstsein für die Ereignisse um sich herum entwickeln.

In dieser Phase reift das Gehirn und verarbeitet eine enorme Informationsflut. Das Kind lernt immer vielfältiger und einfallsreicher zu handeln und zu denken. Ab dem zweiten Jahr entwickelt sich die räumliche Zuordnung. Kinder entdecken ihre Liebe zu Gegenständen oder Spielsachen wie Eimer, Würfel, Dosen und Schubladen, die sie auf- und wieder zumachen. Mit Legosteinen oder Bauklötzchen können sie sich über Stunden allein beschäftigen, ihre Fertigkeiten ausbauen und aus Missgeschicken lernen. In dieser Zeit sind Kinder neugierig darauf, wie Dinge benutzt werden können und beginnen, Gegenstände und Dinge nach Größe zu unterscheiden. Auch Vierecke, Kreise und Dreiecke können sie einordnen und sortieren.

Versuchen Sie eine Balance zu finden zwischen gemeinsamen Rollenspielen und den individuellen Spielen, bei denen das Kind in seine eigene Fantasiewelt eintaucht. Verplanen Sie den Tag nicht zu sehr, damit ihr Kind frei und unstrukturiert spielen kann.

Das dritte Lebensjahr

In ihrem dritten Lebensjahr nehmen die Kinder sich mehr und mehr selbst wahr. Kleinkinder können schon an die 200 Wörter aussprechen. Fangen Kinder an zu sprechen, beginnen sie logische Zusammenhänge zu erkennen und zuzuordnen. Einige Kinder können kleinere Sätze aus drei bis vier Worten bilden und können mehr als 1000 Wörter verstehen. In diesem Lebensabschnitt reden die Kinder gerne vor sich hin und erfassen genau die Reaktion der Eltern auf ihr Geäußertes. Nur wird das „Gedachte“ mit dem „Gemachten“ manchmal noch verwechselt. Oft erkennen Kinder im Zusammenhang stehende Dinge sowie den Anlass und die daraus resultierende Auswirkung, aber können das eine noch nicht vom anderen unterscheiden.

Spiele und Bewegungsabläufe

Sobald sie ihre ersten Schritte sicher gehen, sind Kleinkinder nicht mehr zu bremsen. Mit drei Jahren geht das Kind schon sicher und umläuft Hindernisse. Es geht die Treppe hinauf und klettert auf Möbelstücke. Die

Bewegungsabläufe sind so entwickelt, dass es springen kann, auf Zehenspitzen stehen bleibt und einen Ball werfen kann. Fangen kann es Bälle aber noch nicht.

Seine Hände setzt das Kleinkind geschickt bei spielerischen Tätigkeiten ein. Es kann einen Stift halten und Kreise oder Linien malen und mit Bauklötzchen Türme bauen. Der Experimentierfreudigkeit sind keine Grenzen gesetzt und es probiert sämtliche Knöpfe an Fernsehgeräten oder Stereoanlagen aus. Dies ist auch die Phase, in der für Kinder nichts unmöglich erscheint.

Zur körperlichen Entwicklung gehört die Stabilisierung der Bewegungsabläufe. Je öfter das Kind körperliche Abläufe wiederholt, desto besser bildet sich die Feinmotorik aus. Die Muskeln entwickeln sich, der Gleichgewichtssinn und die Koordination werden immer ausgeprägter. Sprechen Sie Ihrem Kind Mut zu, wenn etwas nicht auf Anhieb funktioniert. Bringen Sie es dazu, spielerisch die Bewegungen zu wiederholen. Vor allem Kleinkinder lieben es, wenn sie grob- oder feinmotorische Aufgaben gestellt bekommen.

Lauf- oder Dreiräder sind bei Kindern dieses Alters sehr begehrt und fördern die Koordination. Auch Rollenspiele werden immer wichtiger. Dreijährige Kinder schlüpfen gerne in die „Mutterrolle“ und füttern ihre Puppen oder bringen sie ins Bett. Eltern können viel über die Gedanken und den Alltag ihrer Kinder durch das unstrukturierte Spiel lernen: Kinder verarbeiten Herausforderungen und fröhliche Ereignisse durch das Spiel mit Puppen und anderen Gegenständen.

Eigenständigkeit und Kreativität fördern

Kleine Kinder probieren viel aus und möchten vor allem eins: selbst machen. Ohne Frage ist es für Eltern nicht immer einfach, dabei zuzusehen, wie die Kleinen sich selbst anziehen wollen. Aber es funktioniert von Mal zu Mal besser. Seien Sie großzügig! Wenn das Kind mit zwanzig leuchtenden Haarspangen auftaucht, dürfen Sie lächeln und sich freuen, dass Weihnachten früher an die Tür klopft.

Auch in Sachen „Sauberkeit“ sind nun Fortschritte zu erkennen. Die körperlichen Anzeichen, wenn es zum Beispiel zur Toilette muss, nimmt es nun wahr und teilt dies mit. Ermutigen Sie es, denn jedes noch so kleine Erfolgserlebnis steigert die Eigenständigkeit und das Selbstbewusstsein. Seien Sie auch unterwegs darauf vorbereitet, schnell auf die Bedürfnisse zu reagieren. Nehmen Sie das Töpfchen mit oder halten Sie ihr Kind im Gebüsch ab. Denn wenn ein Kind auf die Toilette muss, dann ist nicht viel Zeit! Aber toll, wenn es Bescheid sagt. Und es ist nicht schlimm, wenn mal etwas daneben geht. Bleiben Sie gelassen, dann lernt Ihr Kind schnell.

Das vierte Lebensjahr

Die Sprache wird nun sehr viel deutlicher. In ihrem vierten Lebensjahr erlangen die Kleinkinder immer mehr Autonomie. Sie bestehen darauf, ihre eigenen Kompetenzen zu testen, gehen vermehrt auf andere Kinder zu und es bilden sich die ersten Freundschaften. Ihnen wird erstmalig richtig bewusst, dass sie Mädchen oder Junge sind, sie lernen, sich in ihr Gegenüber hineinzuversetzen und nehmen Ängste wahr.

In seinen bisherigen Lebensjahren hat sich der Sprachschatz schon erheblich erweitert. Im vierten Jahr lernt ein Kind weiter, Gegenstände voneinander zu unterscheiden, sie zu benennen und darüber zu sprechen.

Aber nicht nur die Sprache entdeckt es jetzt, sondern auch die eigenen Gefühle werden intensiver. Es kann unterscheiden zwischen Traurigkeit, Fröhlichkeit und Wut. In dieser Entwicklungsstufe ist die Neugierde sehr hoch. Eltern, die bereits Kinder haben, wissen, wie anstrengend es sein kann, wenn Kleinkinder anfangen Fragen zu stellen.

Nehmen Sie die Fragen ernst und geben Sie nach Möglichkeit klare und kindgerechte Antworten. Denken Sie daran, dass die Fragen Ihres Kindes nicht darauf abzielen, Erklärungen bis ins kleinste Detail zu bekommen, sondern es möchte seine Umwelt besser kennenlernen und sie begreifen. Wenn Kinderfragen Sie überfordern, können Sie versuchen, diese an das Kind zurückzugeben. „Wie denkst du darüber?“ „Kannst du dir etwas darunter vorstellen?“ Im Übrigen ist es auch überhaupt nicht schlimm, wenn man eine Frage nicht beantworten kann und sagen muss: „Ich weiß es nicht.“ Das gibt einem zum Beispiel die Möglichkeit, zusammen mit dem Kind in ein Buch zu schauen, die Oma zu fragen oder das Internet zu bemühen. Sie können auch zusammen mit dem Kind in die Bibliothek gehen und Bücher zu der gestellten Frage suchen. Kinder lernen auf diese Weise, dass man Antworten nicht pfannenfertig bereit haben muss, sondern sich auf die Suche nach Erläuterungen machen kann.

Die körperliche Reifung

Es gibt Kinder, die haben eine unerschöpfliche Energie: Sie springen, laufen und klettern ohne Unterlass. Vierjährige wollen an ihre Grenzen gehen und austesten, wie schnell sie rennen, wie weit sie springen können und wie es um ihre Kletterfähigkeit bestellt ist. Sie lernen ihre Fähigkeiten kennen und verfeinern die Abläufe. Viele Kinder können in dieser Zeit bereits mit jedem Fuß einzeln die Stufen einer Treppe hinaufgehen. Zum Hinuntergehen benutzen sie dann noch beide Füße pro Stufe. Um die Beweglichkeit zu verfeinern, ist das Dreirad ein gutes Hilfsmittel. Für die Steigerung der Konzentrationsfähigkeit eignen sich besonders Ballspiele. Viele Kinder können in diesem Alter schon Bälle werfen und nutzen beide Hände dazu, ihn zu fangen. Je mehr Sie sich mit ihrem Kind bewegen, desto ausgeprägter werden die motorischen Fähigkeiten.

Gefühle ausdrücken

Die Bandbreite an Emotionen, die ein Kind in seinen ersten Jahren erfährt und kennenlernt, ist immens. Die Erfahrungen, die es mit der Umwelt und sich selbst macht, lösen stets neue Gefühle in ihm aus. Im Laufe der

Zeit zeichnet sich ab, welche Empfindungen charakteristisch für ein Kind sind, mit welchen es zurechtkommt und welche ihm Probleme bereiten.

Manche Kinder haben ein scheues, ängstliches Wesen, andere sind draufgängerisch und vorlaut. Aber alle benötigen Zeit, um sich in ihrer Gefühlswelt zurechtzufinden. Je mehr Mitgefühl Eltern ihren Kindern entgegenbringen, desto eher lernen sie, starke Gefühle als Bestandteil des Alltags zu akzeptieren. Wenn Sie Bilderbücher für Ihr Kind auswählen, dann suchen Sie Geschichten, in denen Figuren lernen, mit starken Gefühlen und großen Herausforderungen umzugehen.

Während der Zeit im Kindergarten erwirbt ein Kind die gefühlsmäßigen Fertigkeiten, die für die Persönlichkeitsentwicklung wichtig sind:

Es wird sich der eigenen Gefühle bewusst und lernt, diese erst einmal in Gestik und Mimik auszudrücken.

Es lernt, die verschiedenartigen Emotionen zu unterscheiden. Anfangs wird es noch häufig fremde und eigene Gefühle verwechseln.

Mit vier Jahren beginnt es, zwischen den eigenen Empfindungen und denen seiner Mitmenschen zu differenzieren.

Es lernt, mit negativen Gefühlen wie Enttäuschung, Wut oder Trauer umzugehen.

Wenn Sie Ihr Kind dabei unterstützen möchten, die eigenen Gefühle besser zu verstehen, dann fragen Sie nach durchlebten Situationen. Legen Sie ihm dar, dass es Gefühle gibt, die Körperreaktionen auslösen. Angst oder Aufgeregtheit können beispielsweise Herzklopfen hervorrufen oder in einer Schrecksekunde beginnt der Körper zu zittern.

Wenn Sie über Ihre eigenen starken Gefühle berichten, dann vermitteln Sie Ihrem Kind das Vokabular, das zukünftige Bewältigungsstrategien erleichtert. Alle Menschen erleben starke Gefühle und suchen Wege damit klarzukommen – das Kind ist nicht allein. Bieten Sie ihm immer wieder neue Wörter und Begriffe an, damit es sein Vokabular erweitern kann.

Wut und Frust

Vermutlich hat die Autonomiephase Ihres Kindes Ihnen schon gezeigt, dass es nicht einfach ist, die Wutanfälle gelassen hinzunehmen. Dennoch sind Sie gut beraten, Ihrem Kind zu helfen, indem Sie sein Gefühlswirrwarr in Ruhe abwarten. Vielleicht zählt Ihr Sprössling ja zu den Kindern, die sich besser beruhigen lassen, wenn sie in den Arm genommen werden. Falls nicht, dulden Sie dieses Bedürfnis, aber lassen Sie es in diesem Zustand nicht allein zurück.

Zeigen Sie Ihrem Kind, dass Sie seine Gefühle nachempfinden können. Sprechen Sie diese an und bieten Sie ihm Ihre Hilfe an.

Gelingt es Ihrem Kind, seine Emotionen selbst auszudrücken, ist es natürlich leichter. Ermutigen Sie Ihren Nachwuchs dazu, seinen Gemütsbewegungen freien Lauf zu lassen.

Es hilft dem Kind, wenn es seinen Unmut an Gegenständen auslassen kann, zum Beispiel an Kopf- oder Sofakissen. Altpapier zu zerreißen oder mit den Füßen fest zu stampfen kann auch eine gute Möglichkeit sein. Oberste Regel: niemanden verletzen!

Gefühle malen kann eine gute Möglichkeit für introvertierte Kinder sein.

Zeigen Sie ruhig, wie Sie selbst Ihren Ärger von sich schieben: durch eine laute Stimme oder eine erboste Mimik – aber seien Sie authentisch dabei. Ihr Kind merkt sofort, wenn etwas nur gespielt ist.

Ihr Sprössling lernt dadurch, dass es normal ist, seine Gefühle auszudrücken. Unterbinden Sie keinesfalls derartige Ausbrüche, denn sonst frisst es die Emotionen in sich hinein und das kann mehr seelischen Schaden anrichten, als man annimmt.

Gefühle spielerisch mitteilen

Kummerkasten: Kindern hilft es, ihre Gefühle in Worte zu fassen, um sie in die richtigen Bahnen zu lenken. Nehmen Sie einen alten Karton und basteln Sie daraus einen Kummerkasten. Die Kinder können ihre Sorgen, Ängste und Nöte aufschreiben und die Zettel in den Karton stecken. An einem festgelegten Tag in der Woche besprechen Sie dann mit Ihrem Kind, was aufgeschrieben wurde. So lässt sich vielleicht das ein oder andere Problem lösen. Ein Kummerkasten ist geeignet für Kinder ab sieben Jahren.

Laune-Uhr: Aus einem Stück Pappe wird ein Kreis ausgeschnitten und in vier Abschnitte eingeteilt. In jedes einzelne Feld wird entweder hineingeschrieben oder gemalt: Wut, Trauer, Glück und Fröhlichkeit. Ihr Kind darf auch die Symbole dafür einzeichnen. Wie bei einer Uhr wird anschließend ein Zeiger angebracht, der beweglich ist. Anhand dieser „Laune-Uhr“ kann Ihr Kind Ihnen dann sagen, wie seine Stimmung ist und Sie können sich darauf einstellen.

Gesichter sortieren: Die meisten Kinder mögen es, in den Seiten von Magazinen herumzuschneiden. Machen Sie ein Spiel daraus! Schneiden Sie zusammen mit Ihrem Kind verschiedene Gesichter aus. Lachende und fröhliche Gesichter, traurige oder ängstliche Gesichter und welche, die einen überraschten Ausdruck haben. Schauen Sie sich immer wieder die Bilder gemeinsam an und sprechen Sie darüber. Nach einer Weile wird es die feinen Unterschiede der Mimik erkennen können.

Was können Eltern tun?

Bildung ist wichtig, das ist ohne Zweifel wahr, aber Eltern dürfen ruhig auch etwas Gelassenheit mitbringen. In der heutigen Welt kann es durchaus Sinn ergeben, dass die Eltern ihre Vorstellungen von Leistungen neu überdenken. Wirtschaftliche Veränderungen und die eingeforderte Leistungsbereitschaft der Gesellschaft führen dazu, dass sich eine zu einseitige Definition von Produktivität breitmacht. Ein Großteil der Eltern fordert mehr Fördermöglichkeiten und Extras in Kitas und Schulen, da er Bedenken hat, die Kinder könnten zu viele Chancen verpassen. Dabei ist erfolgversprechendes Lernen eine Frage der Qualität und nicht der Quantität.

Kinder, die schon etwas älter sind, können ihre Wahrnehmung meist schon in Worten ausdrücken. Mit dem Begriff „emotionale Intelligenz" beschreibt man die Kompetenz, seine Gefühle und die seiner Mitmenschen zu erfassen, richtig einzuordnen und danach zu handeln. Gerne wird auch die Kurzbezeichnung „EQ" verwendet. Der EQ ähnelt dem Einfühlungsvermögen, geht aber noch tiefer in die Psyche. Emotionen wahrnehmen, äußern, sie richtig einstufen und mit ihnen umgehen – diese Fähigkeiten reifen in der Kindheit und Jugend.

Dies geschieht zuerst einmal im sprachlichen Spiel mit den Eltern oder anderen Bezugspersonen. Es ist sehr wichtig, auf die emotionalen Äußerungen der Kinder angemessen zu reagieren. Damit ein Kind eine Vorstellung von sich selbst bekommt, benötigt es die Spiegelung seiner Empfindungen. Hauptsächlich in neuen und ungewohnten Situationen sichern sich Kinder bei ihren Eltern hinsichtlich ihrer Reaktion ab.

Dieses Phänomen kennen alle Eltern: Das Kind fällt von einem Spielgerät und schaut als erstes zu seinen Eltern hinüber. Sind sie erschrocken und besorgt, beginnt das Kind zu weinen. Bleiben die Eltern ruhig und entspannt, steht das Kind von selbst wieder auf.

Oftmals erfährt ein Kind im Alltag, dass seine Gefühlsäußerungen ernst genommen und adäquat beantwortet werden. Schon im Kindergarten lernen die Kleinen, sich auf neue Gegebenheiten einzustellen und mit ihren Freunden ein gutes Team zu bilden. Je differenzierter dies geschieht, umso besser lernt das Kind sich selbst bei seinen Empfindungen zu verstehen. Eine erfolgreiche Eigenwahrnehmung ist das Erfordernis dafür, dass es sich in seine Mitmenschen hineinversetzen und auf die Bedürfnisse im richtigen Maße reagieren kann. Eine Befähigung, die für das private Glück genauso wichtig ist wie fürs Berufsleben.

Das soziale Umfeld

Kinder benötigen soziale Kontakte. Nur dadurch lernen sie, mit anderen Menschen einfühlsam umzugehen. Durch die mündliche Verständigung, die sich im zweiten Lebensjahr entwickelt, wird die Kommunikation mit der gefühlsmäßigen Ebene verknüpft und ihr Verhältnis zu anderen Mitmenschen erweitert.

Mit zunehmendem Alter wird es Kindern wichtiger, ihre Gefühle auszudrücken und mitzuteilen. Sie sind mehr und mehr in der Lage, durchlebte Gefühle einzuordnen und zu erzählen. Das Gedächtnis verbindet spezifische Reize mit Emotionen und im Laufe der Zeit werden daraus Erfahrungen, auf die wir in unserem Leben zurückgreifen. Diese Erfahrungsschätze ermächtigen das Kind, emotionale Situationen und deren Folgen an sich selbst und bei Mitmenschen zu erkennen und darauf zu reagieren.

Schon in der Vorschule lernen die Kinder auch kompliziertere Gefühlsregungen kennen wie zum Beispiel die „Ich-Stärke" oder Eifersucht. Die Kinder kommen in Kontakt mit selbstbezogenen und sozialen Gefühlen, die gewisse bewusste Entwicklungsschritte beinhalten und ein differenziertes Emotionsverständnis voraussetzen. Schon kleine Kinder können Sorgen und Ängste ihrer Eltern spüren und möchten ihnen helfend zur Seite stehen. Kindlicher Beistand, um die Probleme abzubauen, fußt auf einer Fantasiewelt, wo Missstände einfach weggekuschelt werden können. Natürlich können sie noch nicht die Tragweite einiger Probleme und Sorgen der Eltern ermessen, aber sie können die Tiefe der elterlichen Gefühle durchaus spüren. Die kindlichen Bemühungen sorgen bei den Eltern dann meistens für eine aufgeheiterte Stimmung und das Kind hat das gute Gefühl, geholfen zu haben.

Zwischen dem dritten und vierten Lebensjahr wird Kleinkindern zum ersten Mal bewusst, dass Menschen in ihrem Umfeld unterschiedliche Reaktionen in bestimmten Situationen zeigen. Diese fallen meistens anders aus, als sie es erwartet haben. Kinder versuchen dann herauszufinden, aus welchen Gründen ihr Gegenüber solche Empfindungen zeigt und wie sich der- oder diejenige helfen lässt. Sie lernen zum Beispiel: Trost tut gut. So können sie verstehen, was Unterstützung für andere Menschen bedeutet.

Jugendliche haben sich in einem Alter von ungefähr vierzehn, fünfzehn Jahren ihr eigenes Umfeld geschaffen. Im Freundeskreis wird über Prestige und die neuesten Trends diskutiert. Sie vergleichen sich mit beliebten Persönlichkeiten und versuchen dies nachzuleben. Die meisten Jugendlichen sind während der Pubertät mit sich selbst beschäftigt und blenden ihre Umwelt und damit auch Hilfesuchende aus. In einer beziehungsorientierten Elternschaft gibt es aber auch in den Jugendjahren immer wieder Zeitfenster, die für einen Austausch genutzt werden können. Es ist wichtig, präsent zu sein und diese Momente zu erkennen.

Der Umgang mit anderen Kindern

Damit Kinder Grundsätze, Regeln und Werte kennenlernen und sie anwenden können, ist der familiäre Background als Basis sehr wichtig. Doch weshalb haben einige Kinder das Glück, sofort in einer Gruppe anerkannt zu sein, während andere kaum einen Zugang finden? Nachfolgend sind zehn Tipps aufgeführt, damit Ihr Kind es leichter hat, Kontakte zu knüpfen und sie auch zu halten.

1. Auf andere Kinder zugehen

Um neue Bekanntschaften zu machen, sollte Ihr Kind auf andere zugehen können. Ist es jedoch schüchtern oder verunsichert, zeigen Sie ihm, wie man sich anderen annähert. Empfehlenswert ist es auch, entsprechende Gegenstände im Kinderzimmer aufzustellen wie beispielsweise einen Kaufmannsladen oder Sachen zum Verkleiden. Das fördert das gemeinsame Spielen der Kinder.

Sie können Ihr Kind dabei unterstützen, aktiv auf ein anderes Kind zuzugehen und es zum Spielen einzuladen. Falls dieser Schritt zu groß ist, dann empfiehlt es sich, mit einem kleineren zu beginnen und sich täglich kleine Aufgaben außerhalb der Komfortzone vorzunehmen.

2. Feingefühl

Damit sich Kinder in andere hineinversetzen können, benötigen sie eine gute Portion Empathie oder die Fähigkeit zum Perspektivenwechsel. Verdeutlichen Sie Ihrem Nachwuchs, welche sozialen Kompetenzen er hat. So nimmt er besser wahr, dass er rücksichtsvoll, einfühlsam und hilfsbereit ist. Zollen Sie Ihrem Kind Anerkennung, wenn es sich mit anderen Kindern beim Spielen abwechselt oder sie gemeinsam aufräumen. Fragen Sie Ihr Kind regelmäßig, wie sich eine bestimmte reale oder fiktive Situation auf Menschen auswirken kann. Viele Kinderbücher sind eine hervorragende Grundlage, um solche Gespräche zu führen.

3. Ehrlichkeit

Aufrichtigkeit ist die Basis einer jeden Freundschaft. Dazu muss man sich nicht immer einig sein. Schon Kinder können lernen, ihre eigenen Wünsche und Auffassungen zu vertreten, ohne dabei ihre Freunde zu verletzen – allerdings setzt dies Übung voraus. Leben Sie Ihrem Nachwuchs vor, wie man fair, humorvoll und offen miteinander spricht und argumentiert. Vielen Kindern fällt es schwer, nein zu sagen. Um niemanden zu beleidigen, machen sie lieber mit und werden sich selbst und den eigenen Bedürfnissen untreu. Auch hier benötigt es viele Gespräche und Situationen, um diese Thematik anzugehen.

4. Faires Verhalten

Bringen Sie Ihrem Sprössling bei, dass er keine Beleidigungen ausspricht oder Schimpfwörter benutzt und niemanden schlägt. Jeder darf darüber sprechen, was ihn gerade bedrückt – ohne Unterbrechungen. Erklären Sie Ihrem Kind, dass es sofort bei seinem Freund nachfragen soll, wenn es etwas nicht versteht. Zu schnell entstehen falsche Annahmen und das Gesprochene wird falsch interpretiert.

Auch wenn sich die Kinder eine Zeit lang „nicht grün sind", bleiben sie trotzdem befreundet. Oft sind die Eltern noch länger in den starken Emotionen als die Kinder selbst und wenn sie sich einmischen, richten sie mehr Schaden an, als dass sie Unterstützung bieten. Kinder sind schnell beleidigt oder verstritten und verstehen sich nach kürzester Zeit wieder. Man kann es ihnen meist selbst überlassen, ihren Zwist beizulegen.

5. Nachgeben

Streitereien lassen sich nicht immer vermeiden. Gerade die Mädchen scheinen dafür prädestiniert zu sein, Freundschaften bis aufs Letzte auszukosten. Mal lieben sie ihre beste Freundin, dann hassen sie sie. Helfen Sie Ihrem Kind bei Reibereien, die Angelegenheit auch mal aus der Perspektive der Freundin zu sehen, denn es kann auch eine Lösung sein, hin und wieder mal nachzugeben, um die beste Freundin nicht zu verlieren. Achtsamkeitsübungen können Kindern helfen, eine Pause einzulegen, bevor sie ihrer ungefilterten Reaktion freien Lauf lassen.

6. Solidarität

Freunde stehen füreinander ein. Bringen Sie Ihrem Nachwuchs bei, dass Gemeinsamkeit stärker und fantasievoller macht. Zählen Sie Beispiele auf, bei denen das der Fall ist: Etwa beim Aufräumen, beim Suchen nach Dingen oder beim Spielen. Um diese Verbundenheit zu stärken, geben Sie den Freunden kleinere Aufgaben: Tisch decken, Zimmer aufräumen oder die Katze füttern.

Teamfähigkeit lernen etwas ältere Kinder am besten, wenn sie einem Verein oder einer künstlerischen Gruppe beitreten. Fußball für Kleinkinder oder Musizieren für Kinder sind gute Gelegenheiten, um die sozialen Fertigkeiten zu erwerben oder sie entsprechend auszubauen. Aber auch das freie, unstrukturierte Spielen bietet viel Raum, um Gemeinsamkeiten und Andersartigkeiten zu erkennen und Toleranz zu üben.

7. Vereinbarkeit

An die dreißig kleine Scherereien tragen Kinder täglich aus. Doch keine Freundschaft hält es aus, wenn man sich wegen jeder Kleinigkeit in die Haare kriegt. Eine gegenseitige Verträglichkeit kann mithilfe von Handpuppen eingeübt und dargestellt werden. Die Kinder bekommen durch Rollenspiele beigebracht, welche Regeln für ein nettes und liebevolles Miteinander gelten: einander zuhören, nachgeben und sich abwechseln.
Wenn Sie mit Ihrem Kind Rollenspiele machen, lassen Sie Ihr Kind die Führung übernehmen. Beobachten Sie gut, in welche Richtung die Gespräche gehen und welche Anliegen Ihr Kind Ihnen im Spiel zeigt.

8. Zuhören

Diejenigen, die ihren Mitmenschen zuhören können, haben es leichter, Bekanntschaften zu schließen und gewinnen schneller das Vertrauen anderer Menschen. Als guter Zuhörer ist man aufmerksam und bemüht, die Gefühle seines Gegenübers wahrzunehmen. Kinder können lernen, dass sie bei ihrem Freund nachfragen, wie er etwas gemeint hat und wie es sich anfühlt. Auch hier sind Eltern die besten Vorbilder. Wenn Sie Ihrem Kind zuhören, dann legen Sie bitte alles zur Seite und nehmen Sie das Gesagte bis ins letzte Detail auf.

9. Verschwiegenheit

Vertrauen ist das Fundament, auf dem eine Freundschaft aufgebaut ist. Richtig gute Freunde können sich aufeinander verlassen, auch wenn es nicht immer richtig ist, was der andere macht. Jemanden zu verpetzen wäre unangebracht. Ein Geheimnis ist unter Freunden gut aufgehoben und es bereitet den Kindern große Freude, wenn sie vor ihren Eltern ein Geheimnis hüten können. Etwa im Grundschulalter sollten sie aber unterscheiden können zwischen einem guten und einem unguten Geheimnis. Erklären Sie ihm, dass es gut ist, Geheimnisse zu haben. Aber sobald sich ein ungutes Gefühl einschleicht und es Bedenken hat, sollte Ihr Kind mit Ihnen sprechen.

10. Den Kontakt halten

Bieten Sie Ihrem Kind Ihre Hilfe an, wenn Sie (oder die Familie des Freundes) umgezogen sind oder ein Schulwechsel stattgefunden hat. Ermutigen Sie Ihr Kind, mittels Telefon, E-Mail oder Zoom mit seinem Freund in Kontakt zu bleiben. Besteht die Freundschaft nicht mehr, spenden Sie unbedingt Trost. Wenn Kinder merken, dass sie Unterstützung haben, gehen sie besser mit ihrem Kummer um und neue Freunde lassen sich dann leichter finden.

Gefühl und Verstand

Man braucht beides! Wer annimmt, dass der Verstand nicht wichtig ist für ein glückliches Leben, der irrt sich. Ebenso wie diejenigen, die den Gefühlen kaum Bedeutung beimessen. Gefühle helfen einem dabei, die richtigen Entscheidungen zu treffen und Situationen intuitiv zu erfassen. Durch Körpersignale wie Herzklopfen, Bauchkribbeln oder den Kloß im Hals machen sich manche Gefühle bemerkbar. Das ist der Augenblick, in dem sich der Verstand einschalten sollte. Haben wir Angst vor etwas Neuem? Sind wir überfordert, wenn wir uns zu einem bestimmten Posten überreden lassen?

Wie gut jemand durch sein Leben geht, hängt von der Balance zwischen den Gefühlen und dem Verstand ab. In der Erziehung bedeutet das, dass Eltern auf ihre Intuition hören und sie mit einbinden sollten. Kinder haben ein sehr feines Gespür dafür, ob ihre Eltern authentisch sind oder ob sie sich in Erziehungsfragen nur auf Bücher beziehen.

Es gibt Zusammenhänge zwischen Handlungen und Wahrnehmungen und die sind genauso wichtig wie das Zusammenspiel von Gefühlen und Verstand. Für Kinder ist es bedeutsam, dass sie verstehen, dass ihre Gefühle kein Problem darstellen, aber manchmal der Umgang damit. Anders gesagt: Wut ist in Ordnung, aber seinen Freund zu hauen ist nicht okay.

Immer nur nörgeln, mit den Füßen aufstampfen oder weinen hilft einem Kind auf lange Sicht nicht weiter. Irgendwann muss es überlegen, was es mit diesen Gefühlen anstellt. Hier sollten die Eltern wieder ins Spiel kommen, die ihm geeignete Arten des Frustabbaus nahebringen.

Kinder haben ihr eigenes Tempo

Ein Kleinkind hat Laufen gelernt und möchte das neu Erlernte auch zu jedem erdenklichen Zeitpunkt ausprobieren. Es nimmt seine Umwelt wie ein Schwamm auf und möchte sie erkunden. Es hat seinen eigenen Kopf und möchte eigenständig entscheiden, wo es langgeht.

Doch in der Familie verlangt jeder Tag aufs Neue Organisation und Tempo. Eltern jagen von einem Termin zum nächsten und bereits die Kleinkinder müssen sich dieser Geschwindigkeit anpassen. Holt man sie vom Kindergarten oder Verein ab, heißt es meistens: „Wir haben keine Zeit, beeil dich.“ Diese Ungeduld spüren die Kinder und werden quengelig, weil sie sich dagegen wehren.

Die meisten Eltern kennen das: Zeitdruck und Kinder, die Zeit brauchen. Einige Kinder benötigen für gewisse Tätigkeiten eine Ewigkeit. Achten Sie – wenn Sie es irgendwie einrichten können – auf das Tempo des Kindes! Sie werden erstaunt sein, wie Sie die Welt mit neuen Augen erblicken werden. Kinder helfen uns, achtsam und beobachtend die Umgebung zu erkunden.

Das Anziehen wird in Zeitlupe vollbracht, beim Essen träumen sie vor sich hin oder der Heimweg wird im Schneckentempo gegangen. Das beginnt schon morgens, wenn die Kinder in die Kita gebracht werden sollen oder in die Grundschule. Zeitdruck und Ärger sind dabei vorauszusehen, die Eltern, die zu einer bestimmten Zeit im Büro sein müssen, treibt das an den Rand des Wahnsinns, doch das, was wir Erwachsenen als Bummeln und Trödeln wahrnehmen, ist bei kleinen Kindern bis ins Schulalter völlig normal.

In ihren ersten Lebensjahren begreifen Kinder nicht, was es bedeutet, nur einige Minuten Zeit zu haben oder eine Stunde. Mit solchen Begriffen können sie noch nichts anfangen. Das Zeitgefühl kann man einem Kind nicht antrainieren. Es entwickelt sich im Laufe der Jahre durch seine Erfahrungen und die geistige Reifung. Deswegen ist es den Kleinen auch kaum verständlich, warum die Notwendigkeit zur Eile besteht. Nur wenn die Eltern sich das klar vor Augen führen, werden sie ihrem trödelnden Kind mehr Verständnis und Gelassenheit entgegenbringen.

Warum sind kleine Kinder so langsam?

Neugier – der Antrieb in der Entwicklung

Kinder sind immer wissbegierig. Sie erkunden ihre Umwelt und lernen die Bedeutung von verschiedenartigen Dingen kennen. Während die Wahrnehmung sich weiterentwickelt, ist erst einmal alles von Bedeutung. Eine kleine Raupe kann genauso wichtig sein wie der Sandkasten oder ein vorbeifahrendes Auto. Kinder setzten andere Prioritäten als Erwachsene und das ist auch gut so.

Sagen Sie zu Ihrem Kind: „Das sind doch bloß Ästchen“, kann es nicht nachvollziehen, warum ausgerechnet diese nicht wichtig sein sollen. Doch ebendiese kleinen Äste können für ein Kleinkind sehr viel bedeuten. Nur wenn Kinder interessiert auf die Umwelt reagieren, sind sie dazu fähig, Dinge kennenzulernen. Sie entwickeln in ihrem Umgang damit die

Fertigkeiten, die ihnen in ihrem späteren Leben weiterhelfen werden. Mit der Zeit werden sie den Sinn und die Bedeutsamkeit der Dinge einordnen können und lernen so, die Welt zu verstehen. Interessieren Sie sich für das, was Ihr Kind Ihnen zeigt!

Wiederholungen – immer wieder aufs Neue

Kinder entdecken ihre Umwelt bedächtig und brauchen dabei mehrere Wiederholungen. Es ist für sie nicht befriedigend, wenn sie nur einmal mitbekommen haben, wie die Dinge funktionieren. Sie müssen bestimmte Sachen mehrere Male miterlebt haben, ehe sie abspeichern können: „Aha, so funktioniert das also."

Nach gleichem Muster verläuft es mit ihren motorischen Fähigkeiten, die sie teilweise noch verfeinern müssen. Ist ein Kind einmal über einen Baumstamm balanciert, kann es für sich das nicht einfach abhaken. Es muss es immer wieder ausprobieren, bis es optimal und sicher über den Baumstamm läuft.

Eigenständigkeit – Zeit zum Selbermachen

Eltern begleiten ihre Kinder in eine Welt, in der sie sich eines Tages allein zurechtfinden müssen. Dafür müssen sie sich Fähigkeiten aneignen, die sie für das spätere Leben wappnen. Das beginnt schon bei Kleinigkeiten. Sie lernen die Schuhe anzuziehen, allein zur Grundschule zu gehen oder sich als Küchenhilfe zu Hause zu betätigen. Das, was ein Kind selbst durchlebt, wird es schließlich auch lernen. Dass es üben muss, bis die Schuhe an den Füßen richtig sitzen, ist klar. Es benötigt also viele fein- und grobmotorische Geschicklichkeiten.

Doch was passiert eigentlich, wenn ein Kind keine Lust hat etwas auszuprobieren? Es wird die vielen Schritte in Richtung Eigenständigkeit nicht machen können und ziemlich lange auf die Erwachsenen angewiesen sein. Geben Sie nicht auf. Versuchen Sie immer wieder, das Kind aus der Komfortzone zu locken. Es kann auch bei anderen, einfacheren

Herausforderungen geübt werden. Nehmen Sie sich Zeit für ein solches Training und lassen Sie Fehler zu.

In der eigenen Welt versinken

Sobald Kinder spielen und die Welt erkunden, versinken sie in dem, was sie gerade machen. Es ist so, als würden sie sich unter einer gläsernen Glocke befinden und es zählt dann nur das, womit sie sich gerade beschäftigen. Das kann ihre Puppe sein, ein Malbuch oder ein Puzzle. Die meisten Kinder sind im Hier und Jetzt. Sie lassen alles außer Acht, was ihnen nicht wichtig vorkommt. Dazu gehören auch schon mal die Eltern, die nach ihnen rufen. Doch Ungeduld ist hier fehl am Platz. Wird der Druck auf das Kind erhöht, kann die Stimmung schnell umschlagen und es wird sehr darum bemüht sein, weiter in seiner Glasglocke zu bleiben. Oftmals kommt es dann zu einem Wutanfall. Machen Sie sich bewusst, wie beeindruckend diese kindliche Gabe tatsächlich ist. Denn das haben die Kinder den Erwachsenen voraus: ganz im Hier und Jetzt sein und sich auf eine Sache konzentrieren.

WIESO DIE TROTZPHASE SO WICHTIG IST

Kinder, die sich in der Autonomiephase befinden, machen einen großen Schritt in die Eigenständigkeit hinein. Viele kleinere und größere Schritte werden noch folgen. Doch für Eltern ist es bedeutsam, zu wissen, dass die trotzigen Reaktionen zwischen dem zweiten und fünften Lebensjahr normal sind. In welchem Ausmaß oder wie oft diese Reaktionen auftreten, ist von Kind zu Kind verschieden.

Einige Kinder ziehen sich griesgrämig in ihr Zimmer zurück, während sich andere bockig zu Boden werfen und anfangen zu schreien. Es bleibt Eltern nicht erspart, dass manchmal auch Weinkrämpfe oder Tobsuchtsanfälle dazugehören.

Die Trotzphase ist gelegentlich sehr anstrengend. Kinder haben verschiedene Wesenszüge und fordern die Eltern demzufolge mal mehr mal weniger heraus. Doch bockig sein ist ein gutes Zeichen – Ihr Kind wird selbstständig und befindet sich auf dem richtigen Weg.

Trotzt Ihr Kind nicht, könnte das ein Zeichen dafür sein, dass die Ich-Wahrnehmung und die Eigenständigkeit gestört sind. Freuen Sie sich lieber über ein Kind, das gesund ist und auch mal mit dem Kopf durch die Wand will.

Was benötigen Kinder in der Autonomiephase denn nun?
Die Zerrissenheit zwischen elterlicher Bindung und „allein machen" verlangt von den Eltern viel Verständnis, Ruhe und Beachtung. Vornehmlich dann, wenn die Kinder sich in Wut oder anderen Emotionen verfangen. Die Kinder benötigen dann den elterlichen Halt, um wieder hinauszufinden und ihre Gefühle in die richtige Bahn zu lenken. Die Trotzphase durchstehen Sie am besten, wenn Sie Ihrem Nachwuchs ein Vorbild sind und üben, sich vor Ihrem Kind selbst zu regulieren.

Das bedeutet auch, dass Sie keine Anweisungen geben, sondern mehr erlauben und Gelegenheiten geben zur Nachahmung. Ausgeglichenheit, Geduld und Toleranz sind das Wichtigste in der Erziehung, aber daneben ist es ebenfalls von Bedeutung, zu akzeptieren, dass man selbst auch mal Fehler macht. Gehen Sie behutsam mit sich selbst um!

Wenn Sie die Untergangsstimmung im Kinderzimmer nicht verstehen, ist das nicht weiter schlimm. Sie müssen nicht andauernd wissen, was die Ursache ist. Aber versuchen Sie für Ihr Kind da zu sein. Zeigen Sie ihm, dass Sie seine Empfindungen annehmen und Sie es durch die Emotionen begleiten. Leicht ist das nicht, aber jede Trotzphase hat auch irgendwann einmal ein Ende. Was Sie heute in den Wahnsinn treibt, ist in ein paar Jahren eine nette Anekdote – bleiben Sie also entspannt!

Wie finde ich heraus, ob mein Kind hochsensibel ist?
In diesem kostenfreien Test erfahren Sie mehr über Ihr besonderes Kind.

https://astridschneider.com/hochsensibel-test/

Verweise zu anderen Büchern mit QR-Code

Branka Razan:
www.kidster.ch/achtsamkeit
www.Kidster.ch/shop
www.kidster.ch/yoga

Printed in Poland
by Amazon Fulfillment
Poland Sp. z o.o., Wrocław

21575367R00054